HÉLOÏSE ET ABÉLARD

DU MÊME AUTEUR
À LA MÊME LIBRAIRIE

Dante et Béatrice, 1974.

Dante et la Philosophie, 4ᵉ éd., 1986.

D'Aristote à Darwin ... et retour, 1971.

Études sur le rôle de la pensée médiévale dans la formation du système cartésien, 5ᵉ éd., 1984.

Héloïse et Abélard, 3ᵉ éd. revue, 1997.

Index scolastico-cartésien, 2ᵉ éd., 1979.

Introduction à l'étude de Saint Augustin, 2ᵉ éd., 2003.

Introduction à la philosophie chrétienne, 2007.

Introduction aux arts du beau, 2ᵉ éd., 1998.

Jean Duns Scot. Introduction à ses positions fondamentales, 1952.

L'Athéisme difficile, 2014.

L'École des Muses, 1951.

L'esprit de la philosophie médiévale. Gifford Lectures (Université d'Aberdeen), 2ᵉ éd. revue, 1998.

L'Être et l'Essence, 3ᵉ éd., 1984.

La liberté chez Descartes et la théologie, 1987.

La philosophie de Saint Bonaventure, 3ᵉ éd., 1953.

La société de masse et sa culture, 1967.

La théologie mystique de Saint Bernard, 5ᵉ éd., 1986.

Le philosophe et la théologie, 2ᵉ éd., 2005.

Le thomisme. Introduction à la philosophie de Saint Thomas d'Aquin, 6ᵉ éd. revue, 1997.

Les idées et les lettres, 1955.

Les métamorphoses de la cité de Dieu, 2ᵉ éd., 2005.

Les tribulations de Sophie, 1967.

Linguistique et Philosophie, 1981.

Matières et Formes, 1964.

Peinture et réalité, 2ᵉ éd., 1998.

Pourquoi Saint Thomas a critiqué Saint Augustin, 1986.

Réalisme thomiste et critique de la connaissance, 1986.

BIBLIOTHÈQUE DES TEXTES PHILOSOPHIQUES

Fondateur : Henri GOUHIER   Directeur : Emmanuel CATTIN

Étienne GILSON

HÉLOÏSE ET ABÉLARD

PARIS

LIBRAIRIE PHILOSOPHIQUE J. VRIN

6, Place de la Sorbonne, V e

2016

© *Librairie Philosophique J. VRIN*, 1997

Imprimé en France

ISSN 0249-7972

ISBN 978-2-7116-0286-5

www.vrin.fr

INTRODUCTION

En inscrivant au programme des cours du Collège de France pour l'année 1936-37 une série de leçons sur *Les origines médiévales de l'humanisme*, il ne m'était pas difficile de prévoir que j'aurais à rencontrer Abélard. C'est ce qui s'est en effet produit. Par contre, j'étais bien loin de penser qu'il me faudrait prêter autant d'attention à Héloïse qu'à Abélard lui-même, et qu'une fois entré dans leur histoire j'aurais tant de peine à m'en détacher, non seulement parce qu'elle est en effet attachante, mais parce qu'elle est comme la pierre de touche qui permet d'essayer certaines des idées reçues concernant le Moyen Age et la Renaissance, et d'en juger la valeur. J'ai donc rassemblé, dans les chapitres qui suivent, l'essentiel des leçons faites en 1937 au Collège de France sur cette célèbre histoire. Il s'en faut de beaucoup que je les prenne pour le dernier mot sur la question. Bien au contraire, je les publie dans l'espoir de faire comprendre que le problème n'a peut-être encore jamais été abordé ni interprété du point de vue qui fut sans doute celui des protagonistes du drame : je veux dire, celui de leurs idées, telles qu'eux-mêmes les comprenaient.

Dès que nous l'abordons sous cet aspect, il devient clair que bien loin d'en pouvoir trouver aisément la solution complète, nous manquons de presque tout ce qui nous permettrait de le discuter objectivement. D'abord, un bon texte. Il n'y a pas d'édition critique de la correspondance d'Héloïse et d'Abélard, et l'on verra, dans l'Appendice I de cet ouvrage, à quelles conséquences peut conduire le changement de deux syllabes dans le texte courant que nous lisons actuellement. Il faut donc attendre beaucoup de services de l'édition critique de la correspondance d'Abélard et d'Héloïse entreprise par l'*Institute of Mediaeval Studies* de Toronto. Malheureusement, on ne dispose pour établir ce texte que d'un petit nombre de manuscrits français : ceux de Paris, Bibliothèque Nationale, 1.873, 2.544, 2.545, le 2.923 qui appartint à Pétrarque, le 13.057, le fragment 13.826, et les deux feuillets de 20.001 ; celui de Troyes, manuscrit 802, origine de notre texte imprimé ; celui de Reims, manuscrit 872, et celui de Douai, manuscrit 797. Peut-être existe-t-il en France d'autres manuscrits non encore identifiés, et l'on a des raisons de penser qu'il en existe à l'étranger. L'édition publiée en 1718 par Rawlinson [1] disait se fonder sur un manuscrit mis à sa disposition par un ami. Plusieurs des prétendues leçons de ce manuscrit anglais sont bien curieuses, mais Mr J. Monfrin vient d'établir qu'elles sont de l'invention de Rawlinson lui-même. La démonstration est inattaquable ; ces variantes n'ont aucune authenticité. Le manuscrit 802, de Troyes, qui provenait de la Bibliothèque du Chapitre de Notre-Dame de Paris, fut acheté en 1346, avec quatre autres volumes de même provenance, par Roberto de' Bardi [2]. Ce personnage, qui devint chancelier de l'Université de Paris en 1336, était un Italien, ami de Pétrarque [3], et celui là même qui, en 1340,

---

1. R. RAWLINSON, *P. Abaelardi... et Heloissae... Epistolae*, a prioris editionis erroribus purgatae et cum cod. ms. collatae, Londini, E. Curll and W. Taylor, 1718. — Réimprimé en 1728, à Oxford. — Cf. Paris, Bibliothèque Nationale, Imprimés, Z, 13.801, et Z 13.802.

2. Troyes, 802, f° 103 v° : « Hunc librum emit Robertus de Bardis, cancellarius Parisiensis, anno 1346, in die beati Benedicti abbatis, cum 4 aliis libris de capitulo parisiensi. »

3. DENIFLE-CHATELAIN, *Chart. Univ. Paris.*, t. II, p. 460, note 1.

invita le poète à venir recevoir à Paris la couronne de laurier qu'il aima mieux recevoir au Capitole [1]. Ainsi, des trois
meilleurs manuscrits de la Correspondance actuellement connus, deux appartinrent à des Italiens du xive siècle : à Pétrarque et l'un de ses amis. Il y a plus. Nous savons qu'un
manuscrit, ou une copie nouvelle de la correspondance, fut
demandé à Jean de Montreuil, en 1395, par Coluccio Salutati,
et que l'ouvrage lui fut envoyé en 1396, peut-être à Florence [2]. Si, comme rien ne permet d'en douter, ce manuscrit
est arrivé en Italie, où est-il ? Ce sont là des questions, et
l'on pourrait en poser d'autres, qui recevront peut-être un
jour leur réponse. Ceux qui, par hasard, se trouveraient les
connaître, peuvent être sûrs qu'elles seront accueillies avec
reconnaissance à l'*Institute of Mediaeval Studies*, Queen's
Park, Toronto, Canada [3].

Une édition critique du texte de la Correspondance n'est
pas le seul instrument de travail qui nous manque ; il faudrait encore pouvoir le lire ; or l'*Historia Calamitatum* soulève des problèmes historiques si nombreux, et de nature si
variée, que nul ne peut se flatter de posséder toutes les
techniques requises pour les résoudre. Histoire des faits,
histoire des institutions ecclésiastiques, droit canon, histoire
de la littérature classique et de la littérature médiévale,
histoire de la philosophie, histoire de la théologie patristique
et médiévale, on peut bien dire que tout y passe, et le pis
est que tout s'y tient, car une faute de latin ou l'ignorance
d'un fait engageront l'historien qui s'en rend coupable dans
une série d'interprétations arbitraires dont le brillant ne

1. *Op. cit.*, art. 1038 ; t. II, pp. 501-502. — Cf. art. 1039, p. 503.
2. P. DE NOLHAC, *Pétrarque et l'Humanisme*, H. Champion, Paris, 2e édit.,
1907, t. II, p. 219 et p. 220, note 2.
3. Cette lacune est aujourd'hui heureusement comblée ; voir Appendice III,
et l'excellente étude de J. Monfrin, en tête de son édition critique : ABÉ
LARD, *Historia calamitatum*, Librairie philosophique J. Vrin, Paris, 1re éd.,
1959, 2e éd., 1962.

compensera pas la vanité. Je n'ai pas l'illusion de n'avoir commis aucune de ces fautes, mais j'ai voulu du moins pousser aussi loin que j'ai pu, dans des domaines où je n'avais pas de compétence spéciale, l'examen de problèmes dont, même si je m'y suis fourvoyé, il sera désormais difficile de méconnaître l'urgence et la portée.

C'étaient pourtant des problèmes accessoires et qui ne se posaient à moi qu'en fonction d'un autre, tout à fait essentiel : quelles idées philosophiques et théologiques circulent à travers ces faits, les déterminant ou les motivant parfois, les animant et les reliant toujours, leur donnant enfin le sens qu'eurent ces événements dramatiques aux yeux de ceux qui s'y trouvaient engagés ? Tel est l'objet propre des études qui forment ce volume, et je dirais volontiers qu'il y sera question de l'arrière-plan idéologique de l'histoire d'Héloïse et d'Abélard, si, avec les passions simplement humaines qui s'y déchaînent, les convictions doctrinales des deux amants n'en formaient plutôt l'armature. C'est du moins ce que je crois et c'est aussi la seule chose que j'espère avoir vraiment démontrée.

Ainsi compris, cet essai sur une correspondance célèbre prend naturellement place parmi d'autres essais sur le commerce qu'entretiennent à toutes les époques les Idées et les Lettres. J'ai voulu lui laisser le caractère des leçons dont il contient la substance. Les cours offerts par le Collège de France sont publics, mais ils ne renoncent aucunement à la technicité. Nulle affirmation qui ne s'y accompagne de ses justifications, et si possible de ses preuves. Je n'ignore pas le discrédit où certaine opinion littéraire tient les livres lestés de notes. Un essayiste contemporain promis à la plus brillante carrière [1], parlant en ma présence, disait de l'auteur

---

1. A plus de dix ans de distance, reconnaissons que les fruits n'ont pas cette fois passé la promesse des fleurs.

de deux gros volumes d'érudition : « Quel dommage qu'il ait entassé tant de références ! Quand on a fini de le lire on a envie de récrire le livre et d'en faire quelque chose de bien. » Recette plus souvent suivie qu'on ne pense, comme s'il suffisait d'alléger un livre de ses notes pour lui donner du style. Voici donc un petit livre plein de notes ; elles n'en sont pas le style, mais elles en sont la probité.

D'ailleurs, s'il s'agit de littérature, on en a couvert Abélard jusqu'à la profusion. Il s'en faut de beaucoup qu'elle ait toujours été mauvaise. Il y en a même d'excellente, et, chose curieuse, c'est d'Angleterre que nous est venue la meilleure. Au xviiie siècle, les fades et souvent ridicules *Imitations* en vers de Beauchamp, Colardeau, Dorat et Mercier, ne sont aucunement comparables à l'*Epître* de Pope. Je ne jurerais pas que celle-ci soit toujours fidèle à la pensée d'Héloïse, mais je sais au moins quatre de ses vers qu'Héloïse même ne se consolerait pas de n'avoir pas écrits, tant ils disent bien ce que l'Abbesse du Paraclet suggère sans oser le dire :

> *Still on that breast enamour'd let me lie,*
> *Still drink delicious poison from thy eye,*
> *Pant on thy lip, and to thy heart be press'd ;*
> *Give all thou canst — and let me dream the rest.*

Si ce n'est là ce qu'Héloïse pensait en écrivant les Lettres II et IV de la Correspondance, inutile que d'autres poètes tentent l'expérience. Ce dernier vers est vraiment sans prix. Quant à la prose, il faut lire aussi l'*Heloïse and Abelard* de George Moore, dont la phrase fluide et musicale avance d'un rythme égal, un peu lent, mais savamment réglé, de la première à la dernière page de ses deux volumes. Mais surtout n'oublions pas ce livre vivant, charmant, pénétrant et infiniment plus fidèle à la réalité que celui de George Moore : le *Peter Abelard* d'Helen Waddell, auteur de ces *Wandering*

Scholars que connaissent bien les médiévistes. En vérité, la littérature anglaise a mieux honoré que la nôtre la mémoire d'Héloïse et d'Abélard.

Il me semble, par contre, que la France l'emporterait plutôt du côté de l'histoire pure, et qu'on y a mieux parlé de cette dramatique aventure, poussé plus loin l'analyse psychologique des caractères [1]. L'ouvrage le plus complet que l'on ait encore écrit sur Abélard est probablement celui de Charles de Rémusat, *Abélard, sa vie, sa philosophie et sa théologie*, dont la deuxième édition date de 1855. Sur les deux volumes de l'exemplaire que j'ai sous les yeux, se lit une signature : *Aloys de Pourtalès, Neuchatel*, 1866. Porter le nom d'Héloïse, et rêver à l'ancienne en un lieu si plein du souvenir de la nouvelle, quelle harmonie ! Mais il n'y a pas d'Héloïse sur la couverture du livre de Rémusat. On n'y voit qu'un Abélard encapuchonné, moine sinistre qui lit la Bible entre des tombes. C'est qu'Abélard est bien le héros de ce livre. En dépit de quelques ornements académiques, l'histoire de sa vie, telle que Charles de Rémusat la raconte, me paraît l'emporter, par la finesse de l'analyse et la richesse de l'information historique, sur tous les récits de même genre qu'il m'a été donné de consulter. D'autres pourront peut-être mieux faire mais rien ne dispensera jamais de s'y reporter, ne serait-ce que pour lire, sur les sentiments d'Abélard, des pages comme celle-ci : « On lui reprocha de ne pouvoir supporter l'absence de celle qu'il avait trop aimée. Et je doute que l'on dît vrai : il semble au contraire que son âme endurcie et glacée n'avait plus de sensibilité que pour la douleur. Toutefois, si l'on regarde plus attentivement au fond de ses pensées, on peut dans la réserve de son langage, dans la bienveillance froide et gênée de sa conduite et de

---

1. Sur la doctrine d'Abélard, on consultera pourtant avec fruit le travail récent de J.G. Sikes, *Peter Abailard*, Cambridge University Press, 1932.

ses expressions, reconnaître une sorte de parti-pris, et deviner les combats que se livraient dans son âme les cuisants regrets, la honte amère, le respect de soi-même, de la religion et du passé, peut-être la crainte vague de la faiblesse de son cœur. Mais tous ces sentiments comprimés, il les reporte dans la sollicitude attentive et délicate du directeur de conscience. Il semble ne tracer pour ses religieuses et pour leur abbesse que des exhortations évangéliques, des règles monacales, des lettres de spiritualité, tout ce que dicte la piété et l'érudition ; mais il règne dans tout cela une sympathie si tendre, quoique si contenue, une préoccupation si évidente et si vive de tous les intérêts confiés à sa foi, et en même temps, dès qu'il s'agit de vérités générales et de philosophie religieuse, une confiance si absolue et un besoin si intime d'être entendu et compris, qu'on ne peut sans un mélange d'étonnement, de respect et de pitié, assister à cette étrange et dernière transformation de l'amour. » Voilà le type même de ce que ni de Rémusat ni personne n'a jamais pu prouver, et qui s'impose pourtant comme l'évidence même à toute oreille un peu sensible, dès que les textes d'Abélard lui sont devenus familiers.

Après avoir lu le livre de Rémusat sur Abélard, il est bon de lire aussi celui de Mlle Charlotte Charrier sur Héloïse [1]. Non seulement on y trouvera rassemblée une masse considérable de documents sur les avatars des deux héros au cours de leur histoire posthume, mais on aura plaisir à voir une femme y prendre résolument le parti de la femme contre l'homme, et venger, au nom de son sexe, l'infortunée victime d'Abélard. Rien de plus vivant ni de plus sincère que ce réquisitoire plein de revendications féminines contre un malheureux, qui commit en effet trop de fautes et de trop basses

---

1. Ch. CHARRIER, *Héloïse dans l'Histoire et dans la Légende*, H. Champion, Paris, 1933.

pour qu'on l'en absolve, mais qui les a trop durement payées pour qu'il soit aujourd'hui encore nécessaire de l'accabler. Il est vrai qu'Héloïse a beaucoup souffert, et souffert par Abélard, mais deux choses au moins sont sûres : qu'elle eût refait dix fois ce qu'elle a fait, quitte à gravir dix fois le même calvaire, et qu'elle eût ressenti comme la pire injure qu'on crût pouvoir la grandir en rabaissant Abélard. Je ne crois pas qu'elle eût permis à une autre femme de porter la main sur son idole. Rien ne remplacera pour nous ce qu'eût été une réponse de la main d'Héloïse au livre de Mlle Charrier.

Quand tout est dit, il reste que le seul livre sur ce drame dont la lecture soit nécessaire et suffisante est la Correspondance même d'Héloïse et d'Abélard[1]. C'est un document humain d'une richesse et d'une beauté telles, qu'on peut à bon droit le ranger parmi les plus émouvants de la littérature universelle. Je me souviens ici de ce jour où, dans la salle des manuscrits de la Bibliothèque Nationale, j'importunai sans vergogne un aimable érudit, qui m'était parfaitement inconnu d'ailleurs, mais que son habit bénédictin m'avait désigné comme victime. Je voulais qu'il décidât, sur place et sans délai, du sens exact des mots *conversatio* et *conversio* dans la Règle bénédictine. « Et pourquoi donc », me demanda-t-il enfin, « attachez-vous à ces mots tant d'importance ? » « C'est que », répondis-je, « du sens de ces mots dépend l'authenticité de la correspondance d'Héloïse et d'Abélard. » Jamais visage ne refléta plus grande surprise. Puis après un silence : « Il est impossible que cela ne soit pas authentique : *c'est trop beau.* »

Ni lui ni moi ne prîmes ce jugement pour une preuve,

---

1. La traduction française la plus aisément accessible, et la plus agréable à lire, est celle de O. Gréard, *Lettres complètes d'Abélard et d'Héloïse*, Paris, Garnier, s. d., texte français seul. L'édition latine-française de cet ouvrage, à la même librairie, est provisoirement épuisée.

mais nous savions bien que c'était vrai. Car cet érudit bénédictin ne parlait pas tant de la beauté d'un style, que de celle d'âmes assez grandes pour avoir été promues à de telles souffrances et, là-dessus, l'érudit en savait moins long que le Bénédictin.

Chapitre Premier

LES ORIGINES DU DRAME

Nous n'avons à peu près pas d'autres témoins qu'Abélard et Héloïse pour nous renseigner sur leur dramatique histoire, et s'il s'agit de ses origines, nous ne disposons même que du seul témoignage d'Abélard. Ajoutons pourtant que l'impitoyable clairvoyance avec laquelle il s'analyse est plutôt de nature à nous donner confiance et qu'aucun fait connu par ailleurs ne permet de contredire ce qu'il dit.

Au moment où se noue le drame dont nous entreprenons d'analyser l'idéologie, Abélard a déjà derrière lui une histoire longue et tumultueuse. Pourtant, ses tribulations n'ont encore été que celles d'un jeune ambitieux de génie, pressé de se faire la place à laquelle il a droit, et qui se heurte naturellement aux résistances que ses aînés lui opposent. Désormais, il peut jouir en paix de son triomphe ; tous ses rivaux ont été vaincus, éliminés, et depuis plusieurs années déjà il est le maître et possesseur incontesté des Écoles de Paris qui lui étaient dès longtemps destinées. Il y enseigne la Théologie et la Philosophie avec un égal succès ; l'extraordinaire affluence d'élèves qui se pressent autour de sa chaire s'accompagne d'une non moindre affluence d'argent et d'une renommée universelle. C'est lui qui le dit, mais Foulques de Deuil l'affirme également, avec un grand luxe de détails et de la manière la plus formelle. Rien n'autorise donc à supposer qu'Abélard mente sur ce point, ni même qu'il ait exagéré[1].

L'extraordinaire succès d'Abélard eut pour effet immédiat d'exaspérer l'orgueil dont il n'avait jamais été dépourvu. Ici encore c'est lui qui s'en accuse et nous pouvons l'en croire. « Je croyais qu'il n'y avait plus au monde d'autre philosophe que moi seul »[2], nous dira-t-il plus tard. Dès avant qu'il en convînt publiquement, Foulques le lui avait déjà amèrement reproché[3], et l'on en trouve la marque la plus naïve dans le *Dialogue* où il fait célébrer sa propre gloire par le philosophe grec avec lequel il s'entretient[4]. Avec l'orgueil et l'argent devait naturellement venir la luxure. Après quatre ou cinq ans d'un triomphe scolaire sans précédent (1113/4-1118), la tentation s'offrit à lui et Abélard ne tarda pas à y succomber.

S'il fallait en croire Foulques de Deuil, Abélard aurait eu bien d'autres aventures que celle qui devait si tragiquement lier son sort à celui d'Héloïse. Charles de Rémusat, pourtant si prudent et si fin dans ses analyses, semble s'être laissé convaincre par le témoignage de Foulques[5]. Mlle Charrier, trop heureuse de cette occasion d'attaquer Abélard pour la laisser perdre, n'hésite pas à lui faire dire par Foulques : « Ce qui amena ta ruine, ce fut l'amour des femmes et ces liens du libertinage dans lesquels elles t'avaient enlacé[6]. » En fait, le témoignage de Foulques est un peu différent : « Ce qui, à ce qu'on dit *(ut aiunt)*, a causé ta ruine, c'est l'amour de toutes les femmes *(singularum feminarum)* et

---

1. ABÉLARD, *Hist. calam.*, cap. v, P.L., t. 178, col. 126 A. Pour le témoignage pittoresque de Foulques, voir *Epist. ad Abaelardum*, P.L., t. 178, col. 371 C-372 C.

2. ABÉLARD, *Hist. calam.*, P.L., t. 178, col. 126.

3. FOULQUES DE DEUIL, *op. cit.*, P.L., t. 178, col. 372 C.

4. ABÉLARD, *Dialogus*, P.L., t. 178, col. 1613 C.

5. Ch. DE RÉMUSAT, *Abélard*, t. I, p. 46, note 2.

6. Ch. CHARRIER, *Héloïse*, p. 128.

les lacets du désir avec lesquels elles prennent les libertins. »
Par où l'on voit d'abord qu'il s'agit d'un on dit ; Foulques
ne parle pas ici en témoin ; mais ensuite, que sa phrase
exprime moins un fait précis qu'une idée générale. Si dis-
solu qu'on puisse le supposer, nul ne croira qu'Abélard ait
aimé *singulas feminas.* Admettons pourtant que Foulques
veuille bien accuser Abélard d'avoir couru les femmes et,
comme il l'ajoute plus loin, de s'y être ruiné [1], le fait demeure
qu'il ne s'agit là que de bruits qui couraient sur lui. *A ce
qu'on dit..., comme on me l'a raconté..., comme on le dit...,*
autant de réserves faites par Foulques lui-même sur la valeur de son témoignage, et il n'eût été que juste de les rapporter.

Allons plus loin. Contre les allégations de Foulques, les
objections ne manquent pas. D'abord, Abélard s'est accusé
des pires bassesses, mais il ne s'est jamais accusé de celle-
là. Nous tenons de lui, et c'est un point dont on verra mieux
plus tard quelle signification il avait à ses yeux, qu'avant
de séduire Héloïse, il avait mené une vie parfaitement chaste :
« Moi qui avais mené jusque alors une vie de continence, je
rendis les rênes au désir [2]. » Bien plus, Abélard précise qu'ayant
toujours eu horreur des prostituées, jamais il ne serait tombé
du faîte sublime de la continence — expression lourde d'un
sens que nous aurons à reconnaître — si la mauvaise fortune
ne lui avait offert en Héloïse l'occasion d'en déchoir [3]. Pour
lui, comme pour elle, ce fut une première chute : « Moins nous
avions eu l'expérience de ces joies, plus ardemment nous les
recherchions [4]. » L'ardeur d'Abélard était celle d'un débu-
tant. Son horreur des courtisanes s'effaça-t-elle après la
séduction d'Héloïse ? Ce n'est que trop possible, mais lui-

---

1. FOULQUES DE DEUIL, *Epist. ad Abaelardum,* P.L., t. 178, col. 373 A.
2. ABÉLARD, *Hist. calam.,* cap. v, P.L., t. 178, col. 126 B.
3. *Op. cit.,* col. 126 C.
4. *Op. cit.,* cap. vi, col. 128 B.

même n'en dit rien ; Héloïse, qui n'aurait pu ignorer une inconduite aussi notoire que celle que lui impute Foulques, ne lui en a jamais adressé le moindre reproche ; enfin Roscelin lui-même, dans la lettre féroce et parfois ignoble où il parle en témoin oculaire, ne fait pas la moindre allusion à ces prétendus désordres. D'ailleurs, comme le lui dit Roscelin, pour montrer ton abjection, inutile de rien inventer ; on n'a qu'à répéter ce que tout le monde sait de Dan à Bersabé. Et Roscelin le raconte, non certes sans parler de courtisane, mais la seule dont il parle : *scorto tuo* [1], c'est Héloïse. Celui qui n'a pas reculé devant cette injure à Héloïse n'était certes pas homme à ménager Abélard. Les on dit de Foulques sont de peu de poids devant le silence d'un adversaire tel que Roscelin.

Vue du côté d'Abélard, la séduction d'Héloïse telle que lui-même la raconte fut une affaire assez basse pour qu'on ne le charge gratuitement d'aucune autre. Pas la moindre trace de passion romantique dans son cas ; rien que de la luxure, comme il en convient lui-même, et de l'orgueil. *Fortuna blandiens commodiorem nacta est occasionem* : Héloïse est surtout pour lui une occasion trop commode pour qu'il la laisse échapper. Elle n'est pas laide de visage — *facie non infima* — voilà pour la luxure ; au moment où Abélard la rencontre, elle l'emporte déjà de bien loin par sa science sur toutes les femmes de son temps : voilà pour l'orgueil. N'oublions pas en effet qu'Héloïse était déjà célèbre dans la France entière avant même de connaître personnnellement Abélard. Lui-même le reconnaît et Pierre le Vénérable rappellera plus tard à l'abbesse du Paraclet de quelle gloire elle était entourée dès sa jeunesse. On a dit que Pierre le Vénérable voulait la consoler en la flattant. C'est possible,

1. ROSCELIN, *Epistola*, P.L., t. 370 C. Cf. « ad meretricem transvolans » 370 D.

mais flatterie n'est pas toujours mensonge, et puisqu'il parle ici en témoin personnel de la renommée d'Héloïse, on doit aller jusqu'à l'accuser de mensonge, non de simple flatterie, pour contester la vérité de ce qu'il dit [1].

Quoi qu'il en soit, Abélard lui-même suggère clairement que la science et la gloire d'Héloïse n'étaient pas les moindres de ses attraits : « plutôt bien de visage, sans rivale par l'étendue de sa culture littéraire ». Ajoutons à cela que tout concourait à en faire une victime désignée aux yeux d'Abélard. Il avait horreur des prostituées, mais sa vie de professeur le tenait à l'écart des jeunes filles de la noblesse ou de la bourgeoisie. Héloïse, au contraire, vivait dans son propre milieu. Héloïse était une lettrée ; on pouvait entretenir une correspondance avec elle, ce qui facilite toujours les choses. Nièce de Fulbert, clerc et chanoine comme Abélard lui-même, elle appartenait comme lui à ce monde si particulier dont le centre était le cloître de Notre-Dame. Une fois qu'Abélard eût choisi sa victime, ou plutôt que les circonstances la lui eussent offerte, rien ne lui fut plus facile que de l'approcher. Il se fit présenter à Fulbert par des amis, prit pension chez lui et, l'avarice et la vanité de l'oncle aidant, se fit confier par lui l'éducation d'Héloïse. Déjà si célèbre pour sa science, que ne deviendrait-elle pas sous un tel maître ! Dès lors, Abélard avait partie gagnée. Assez beau, comme il le dit modestement, pour ne craindre de refus d'aucune femme, ce maître entouré d'une gloire éclatante tenait désormais d'un oncle aveuglé par la vanité le droit de diriger jour et nuit les études d'Héloïse et même de la châtier corporellement s'il le jugeait utile. Bourreau et victime s'accordèrent à le juger utile, ne fût-ce que pour mieux tromper Fulbert. Tout ce plan froidement calculé s'accomplit sous nos yeux

---

1. Pierre le Vénérable, dans V. Cousin, *P. Abaelardi... opera*, t. I, p. 710-711. Cf. Ch. Charrier, p. 58-59.

dans l'*Historia calamitatum* ; c'est moins une histoire d'amour
qu'une histoire d'incontinence : Abélard victime du démon
de midi. Retenons pourtant, et inscrivons à son crédit, que
c'est Abélard lui-même qui nous livre ces armes contre lui ;
car il a ses vanités et ses bassesses, mais il ne ment pas.
Abélard est un falsificateur improbable et n'importe qui
d'entre nous raconterait mieux que lui sa propre histoire,
s'il s'agissait de la raconter pour le disculper.

Vu du côté d'Héloïse, le problème n'est que trop simple,
car nous n'avons rien d'autre à en dire, sinon qu'elle s'est
laissé séduire. Pas un mot d'Abélard n'autorise à supposer
qu'elle ait opposé la moindre résistance ; tout ce qu'elle
dira plus tard invite à penser qu'elle fut subjuguée par ce
maître auréolé de gloire. « Toutes tes volontés », dira plus
tard l'abbesse du Paraclet, « je les ai aveuglément accom-
plies. » C'est la vérité même, et nous n'avons aucune raison
de penser qu'il n'en ait pas été ainsi dès le début. C'est au
contraire plus tard que l'on voit Héloïse éprouver des scrupules et opposer quelque résistance ; mais nous n'en sommes
pas encore là et la passion qui devait dominer la vie entière
d'Héloïse semble bien avoir été totale dès ses débuts. Cette
passion ne devait d'ailleurs pas tarder à gagner le séducteur
lui-même. Car après la séduction d'Héloïse, Abélard n'est
plus le froid calculateur qu'il avait d'abord été. Ces deux
amants furent des amants heureux ; d'autant plus avides
de ces joies qu'elles étaient pour eux plus nouvelles, ils firent
l'apprentissage de la passion charnelle sans aucun maître
que la nature, et peut-être Ovide. Ce premier bonheur devait
être aussi le dernier.

Ces joies nouvelles, que jamais ensuite ni l'un ni l'autre
n'ont reniées, n'étaient cependant pas sans contrepartie.
D'abord, Abélard vainqueur éprouva bientôt les effets ordi-
naires de telles victoires. Son cas illustre à merveille ce que
les auteurs de romans courtois nommeront le chevalier « re-

créant ». La passion non satisfaite est une source d'exaltation et d'héroïsme, mais la victoire de l'amant est souvent
cause de sa déchéance. Abélard oublie désormais ses devoirs,
néglige ses cours et délaisse ses écoles. Au lieu de commenter
Aristote et la Bible, il compose des chansons en l'honneur
d'Héloïse. Bref, de philosophe et théologien, il devient poète,
et lui-même avait assez de jugement pour ne pas considérer
ce changement comme un progrès. Surtout, ce qui devait
arriver arriva. L'oncle Fulbert faisait preuve d'autant d'aveuglement qu'il avait montré d'imprudence. Comme le dit
Abélard, citant saint Jérôme, nous sommes toujours les derniers à savoir ce qui se passe chez nous et tout le monde
sait ce que fait une femme avant que son père ou son mari
ne s'en aperçoivent [1]. Pourtant, si l'on se souvient que tout
cela se passait dans la maison de Fulbert, on ne sera pas
trop surpris d'apprendre qu'après quelques mois de cette
existence, il leur soit arrivé, comme dit Abélard, la même
chose qu'à Mars et Vénus lorsqu'ils furent surpris par Vulcain. Il suffit de se reporter à Ovide pour être renseigné
sur le sens de la formule [2]. Cet accident trop prévisible inaugure l'ère de leurs tribulations.

Après un tel esclandre, il fallut se séparer ; mais loin de
mettre fin à leur passion, la séparation ne pouvait que l'exaspérer. A partir de ce moment, les deux amants entrent en
révolte contre la morale et contre l'opinion publique. Il est
vrai qu'immédiatement après la découverte de leur secret,
Abélard s'était senti couvert de honte ; mais dès que des
rencontres furtives redevinrent possibles, la passion effaça
ces restes de pudeur et le caractère irrémédiable du scandale causé les y rendit insensibles. Rien ne montre mieux
leur complète indifférence à tout ce qui est non seulement

1. ABÉLARD, *Hist. calam.*, cap. VI, P.L., t. 178, col. 128 AB ; trad. Gréard, p. 11-12.
2. OVIDE, *De arte amatoria*, II, 561 et suiv. — Cf. v. 580.

religion, mais morale ou même opinion publique, que les sentiments d'Héloïse lorsqu'elle s'aperçut qu'elle allait être mère. Elle l'écrivit à Abélard avec des transports d'allégresse. Sur quoi, profitant d'une absence de Fulbert, Abélard la fit enlever et l'envoya en Bretagne chez une de ses sœurs. L'imagination des romanciers s'est donné libre carrière pour décrire ce voyage. En fait, la seule chose que nous sachions à ce sujet, est qu'Abélard la fit voyager déguisée en religieuse. Ce détail aura plus tard pour nous quelque importance. C'est chez la sœur d'Abélard qu'Héloïse mit au monde un fils, auquel elle donna le nom, pédantesque mais peut-être symbolique, d'Astrolabe [1].

On ne s'étonnera pas d'apprendre qu'à la suite de cet enlèvement, Fulbert soit entré dans une fureur violente et voisine de la folie [2]. Mais que pouvait-il faire ? Rien contre Abélard tant qu'Héloïse était aux mains des parents de son ravisseur. Après avoir temporisé, Abélard crut enfin pouvoir aller trouver Fulbert pour s'accuser, s'excuser, supplier, alléguant pour sa défense que l'amour avait toujours été la perte des grands hommes et offrant enfin réparation du mal qu'il avait commis. Il offrait d'épouser Héloïse, sous la seule condition que le mariage serait tenu secret. Nous sommes aujourd'hui si loin de ces événements et nous vivons dans un monde si différent de celui d'Abélard que le sens et la valeur d'une telle offre, faite sous cette condition restrictive, nous échappent presque complètement.

Pour trouver un sens à la proposition d'Abélard, nous ne disposons que de deux indications également surprenantes : d'abord Abélard affirme comme allant de soi qu'offrir d'épouser Héloïse, était offrir à Fulbert une satisfaction dépassant tout ce qu'il aurait pu espérer ; ensuite, qu'en compensation

---

1. ABÉLARD, *Hist. calam.*, cap. VI ; Pat. lat., t. 178, col. 129 B.
2. *Op. cit.*, col. 129 C.

de cette offre inespérée, Abélard demandait qu'on fît le secret sur ce mariage : « pour que ma gloire n'eût pas à en souffrir »[1]. De telles expressions suggèrent à la fois que le mariage était possible, mais qu'il présentait un caractère tout à fait anormal, de nature à porter atteinte, s'il était divulgué, à la renommée, gloire ou réputation d'Abélard. Il semble immédiatement évident que ces deux points étaient liés dans sa pensée, non seulement l'un à l'autre, mais à la situation qu'il occupait comme régent des écoles de Paris. Or le seul renseignement précis que nous possédions à ce sujet est celui que nous donne une des objections d'Héloïse à ce projet de mariage : « toi, clerc et chanoine »[2]. C'est donc en ces deux mots que réside notre seul espoir d'éclaircir cette obscure question.

D'abord, qu'était-ce qu'être un clerc à l'époque où Abélard portait ce titre ? Lui-même indique dans un de ses sermons que le clerc est un tonsuré, dont la place dans la hiérarchie se trouve au plus bas degré des fonctions ecclésiastiques, c'est-à-dire au-dessous du portier[3]. Abélard hésite visiblement à décider si le cléricat est le plus bas des ordres ecclésiastiques, ou quelque chose d'inférieur même au plus bas[4]. De toute façon, il est certain qu'un simple clerc est pour lui un tonsuré, qui n'a encore reçu aucun ordre ecclésiastique, pas même le plus bas des ordres mineurs, celui de portier. Aucun document, aucun texte actuellement connu, n'autorise à supposer qu'à cette époque Abélard eût reçu

---

1. ABÉLARD, *Hist. calam.*, P.L ., t. 178, col. 130 A.
2. ABÉLARD, *Hist. calam.*, P. L., t. 178, col. 132 B.
3. ABÉLARD, Sermo III, *In circumcisione Domini* ; P. L., t. 178, col. 406-407.
4. La question sera réglée clairement par saint Thomas : « Clericatus autem non est ordo, sed quaedam professio vitae dantium se divino ministerio. » *De articulis fidei*, dans *Opuscula*, éd. Mandonnet, t. III, p. 17. Sur la tonsure des clercs, voir R. GÉNESTAL, *Le Privilegium Fori* ; Paris, Leroux, 1921 ; t. I, p. 3-4.

aucun ordre, même mineur, ni qu'il ait été quoi que ce soit de plus qu'un simple clerc, c'est-à-dire un tonsuré.

Il ne suit pas de là que, même du point de vue de l'Église, son état de vie ait été dépourvu de toute grandeur ni libre de toute obligation. Selon Isidore de Séville et Yves de Chartres, la tonsure par laquelle on devient clerc est un symbole de la continence [1]. Celui qui la reçoit est l'un de ceux que Dieu s'est choisis comme sa part et qui ont eux-mêmes choisi comme la part de leur héritage. *Clerici... id est sortiti*, dira plus tard Pierre Lombard, qui ne fait en cela que suivre la tradition d'Isidore et de saint Jérôme [2]. Tel étant donc l'état de vie d'Abélard, en quoi un mariage public eût-il pu nuire à sa renommée ?

On pourrait répondre d'abord qu'au XIIe siècle, tout professeur de philosophie, à plus forte raison de théologie, était un clerc ; qu'en se mariant, Abélard perdait sa qualité de clerc et par conséquent aussi son droit d'enseigner. C'est donc la fin de sa gloire [3]. Mais il y a à cela bien des difficultés. La première est de savoir si le mariage d'un simple clerc dissolvait son état de cléricature. En fait, il ne semble pas qu'il en fût ainsi. Yves de Chartres mentionne plusieurs cas où un clerc perd sa cléricature et redevient un simple laïc ; certains d'entre eux sont relatifs à une question de mariage, mais aucun d'entre eux ne correspond au cas d'Abélard. Par exemple, un clerc qui épouse une veuve, c'est-à-

1. Isidore, *De ecclesiasticis officiis*, cap. IV ; P. L., t. 83, col. 179. — Cf. Yves de Chartres, *Decretum*, Pars VI, cap. IV ; P. L., t. 161, col. 442-443. — Cf. Pierre Lombard, *IV Sent.*, d. 24, cap. IV ; éd. Quaracchi, p. 893.

2. « Ideo ergo dicti sunt clerici, quia de sorte sunt Domini, vel quia Deum partem habent ». Isidore, *Etymol.*, lib. VII, cap. XII, n. 1 ; P. L., t. 82, col. 290. — Sur saint Jérôme, voir p. 42, note 2.

3. « La liaison (entre *clericus* et *scholaris*) était si claire en droit que le mariage, en dissolvant l'état de cléricature, privait du droit d'enseigner ». G. Paré, A. Brunet, P. Tremblay, *La Renaissance du XIIe siècle*, Paris, 1933 ; p. 62.

dire une femme vivant dans la continence du veuvage, perd l'état de cléricature. De même un clerc adultère [1]. Mais un clerc pouvait contracter validement mariage, après avoir consulté son évêque [2], et le fait de s'être ainsi marié était si loin de dissoudre *ipso facto* sa cléricature, que si ce clerc faisait ensuite mine de redevenir un laïc en abandonnant sa tonsure, on la lui imposait de nouveau. C'est ce que rappelle expressément Yves de Chartres au sujet des simples clercs — *sine gradu* — qui ont été autorisés à se marier et ont renoncé à la tonsure : « iterum tonderi cogatur, nec in vita sua tonsuram negligere audeat », dit le texte d'Yves. S'il abandonne la tonsure, qu'on le retonde : « Si tonsuram dimiserit, rursum tondeatur [3]. »

Il est donc clair que la difficulté pour Abélard marié n'eût pas été de conserver sa cléricature, mais de la perdre. Pourtant, si les textes précédents ne justifient pas la solution simple du problème que l'on espérait y trouver, ils en suggèrent une autre, beaucoup plus complexe, mais qui pourrait être la bonne. Bien qu'il fût légitime, l'état de clerc marié ne s'y présente que comme un pis aller. Après tout, même marié, le tonsuré porte encore, ou du moins devrait, même marié, continuer de porter sa tonsure, symbole de la continence. Il est donc dans une situation plutôt confuse, et on le voit bien aux textes canoniques où se pose le problème : un laïc remarié peut-il recevoir la tonsure ? La *Décret* d'Yves de Chartres répond : non. Celui-là exagère. Qu'il reste laïc : « Autre chose est une concession généralement faite à la faiblesse humaine, autre chose doit être une vie consacrée au service des choses divines [4]. »

---

1. Yves DE CHARTRES, *Decretum*, VI, 51 ; P. L., t. 161, col. 456.
2. *Op. cit.*, VIII, 286 ; P. L., t. 161, col. 456.
3. *Op. cit.*, VII, 115 ; col. 570.
4. Yves DE CHARTRES, *Decretum*, VI, 51 ; P. L., t. 161, col. 456. — Cf. GRATIEN, *Decretum*, P. I, dist. 32, cap. XIV ; édit. Friedberg, Leipzig, 1879 ; col. 121.

En d'autres termes, un laïc marié qui se fait clerc, ou un clerc qui se marie sont choses tolérables ; mais un laïc devenu veuf et qui s'avoue, par un remariage, incapable d'observer désormais la continence, se révèle par là même inapte à la vie cléricale, qui est par définition une vie consacrée au service divin. Il semble résulter de là, que pour un clerc soucieux de respecter la dignité de la cléricature, l'état de clerc célibataire l'emportait de beaucoup sur celui de clerc marié. C'est un point sur lequel nous aurons à revenir, mais il n'est pas inutile de citer immédiatement un texte d'Abélard lui-même, qui définit aussi clairement que possible son propre point de vue sur ce problème de droit canon. Selon lui, celui qui a fait secrètement vœu de continence et se sent incapable de l'observer, peut en faire pénitence et se marier. Ceux qui ont fait publiquement le même vœu, par exemple un moine ou un prêtre, ne peuvent contracter mariage. Les ordres sont donc un empêchement au mariage ; pourtant ceux qui ont reçu les ordres mineurs, jusqu'à celui d'acolyte, peuvent être validement mariés s'ils renoncent à leurs bénéfices. Par contre, ceux qui ont reçu un ordre supérieur à celui d'acolyte ne peuvent pas se marier [1]. Ceci dit, il reste vrai que même valide et licite, le mariage est un pis aller. C'est le remède d'un mal, une concession faite aux incontinents en vue d'endiguer leur incontinence. A quoi l'on doit ajouter que ce remède impose aux deux époux une servitude mutuelle que tout homme sage et soucieux de sa liberté se doit d'éviter : aucun sage ne devrait se marier [2].

---

1. ABÉLARD, *Epitome theologiae christianae*, cap. XXXI ; P. L., t. 178, col. 1746 CD. Sur l'ensemble du problème, voir A. ESMEIN, *Le mariage en droit canonique*, 2ᵉ édit., Paris, Recueil Sirey, 1929, t. I, p. 313-314. — J. DAUVILLIER, *Le mariage dans le droit classique de l'Eglise* ; Paris, Recueil Sirey, 1933 ; p. 162-163.

2. « Conjugium mali remedium est. Datur enim propter incontinentiam refrenandam ; unde magis ad indulgentiam pertinet. » Le mariage se fait par une « foederatio conjugii », où l'un dit à l'autre : « Trado me tibi ad

La position d'Abélard lui-même est donc claire, et tout ce qu'il en dit atteste que, de son propre point de vue, le mariage d'un clerc était un acte valide et licite, mais que l'état de mariage ressemblait fort à une déchéance. Puisque les textes canoniques s'accordent avec ce que dit Abélard, rien n'autorise à penser qu'il voulait garder son mariage secret parce qu'il eût été illicite, mais tout incite à chercher l'explication de la « perte de gloire » qu'il redoute dans la déchéance morale que constituait le mariage d'un clerc.

La deuxième question qui se pose est de savoir si, en se mariant, Abélard perdait le droit d'enseigner ? On conçoit que l'hypothèse ait été formulée par ceux qui pensent que le mariage dissolvait sa cléricature[1], mais s'il est établi que le mariage ne la dissolvait pas, on ne voit pas pourquoi ce clerc eût perdu ses fonctions. Il est vrai, comme on vient de voir, qu'un simple clerc qui se mariait perdait ses bénéfices. Mais d'abord nous ignorons si Abélard avait des bénéfices à perdre. L'argent qu'il gagnait lui venait plutôt de ses nombreux élèves que d'aucune autre source. C'est seulement plus tard, une fois devenu moine, qu'il refusera d'accepter de l'argent de ses auditeurs du Paraclet. Ensuite et surtout, s'il s'était agi de cela, Abélard n'eût pas exigé un mariage secret « pour éviter une perte de gloire », mais « pour éviter une perte d'argent ». Il faut donc chercher dans une autre direction.

On serait sur un terrain beaucoup plus solide, et tout différent, si l'on pouvait prouver que, sans perdre sa cléricature, un clerc marié perdait le droit d'enseigner. Il est

---

usum carnis meae, ita ut, quandiu vixeris, non me alii conjungam. » *Op. cit.*, cap. xxxi ; col. 1745. — « Conjugium etiam servitus dicitur... Si autem liber, id est sine conjugio, ne accipias uxorem, si vis esse liber. » *Ibid.*, col. 1746-1747. — La formule « nulli sapienti... » se trouve col. 1746 D. Cf. plus loin, p. 33, note 1.

1. Voir plus haut, p. 26, note 3.

vrai qu'un professeur de philosophie et de théologie marié
eût été un phénomène extraordinaire, et sans doute unique,
au moyen âge. Mais tout est extraordinaire dans cette histoire, et la seule question est de savoir si ce phénomène
extraordinaire eût été possible. Rien ne permet de le nier
et bien des raisons autorisent au contraire à le croire. On
conçoit aisément que les autorités ecclésiastiques aient eu
souci d'écarter du service immédiat des autels les clercs
mariés pourvus des ordres majeurs ou mineurs. Pourtant,
en 1031, le Concile de Bourges accordait aux prêtres, diacres
et sous-diacres mariés et dégradés pour refus de se séparer
de leurs femmes (ou concubines), le droit d'exercer encore
les fonctions de lecteur et de chantre [1]. De même, le *Décret*
d'Yves de Chartres qui interdit le mariage des diacres n'interdit pas celui des lecteurs, et le *Décret* de Gratien met même
les lecteurs en demeure de choisir entre le vœu de continence et le mariage [2]. Bref, comme le fait observer R. Génestal : « Le mariage du clerc au-dessous du grade de sous-
diacre est non seulement valide, mais licite, le clerc qui le
contracte ne doit encourir aucune déchéance, et Gratien a
recueilli des textes en ce sens... Non seulement il peut, mais
il doit continuer les fonctions de la vie cléricale [3]. » S'il en
était bien ainsi, on ne voit aucunement en quoi le mariage
d'Abélard, même rendu public, l'eût empêché d'enseigner. La
préoccupation de plus en plus marquée, depuis les temps de
l'Église primitive, d'écarter les clercs mariés du service immédiat de l'autel ne peut jouer ici aucun rôle, car un lecteur ou un acolyte exercent encore des fonctions liturgiques

---

1. E. Vacandard, art. *Célibat.* in *Dict. de théologie catholique*, col. 2085.
   2. Yves de Chartres, *Decretum*, VI, 68 ; P. L., t. 161, col. 459. — Gratien, *Decretum*, P. I., dist. 32, cap. viii ; éd. Friedberg, col. 120.
   3. R. Génestal, *Le Privilegium Fori en France du Décret de Gratien à la
fin du XIVe siècle*, t. I, p. 82. — Cf. p. 84 : au xiie siècle le clerc marié
peut conserver ses fonctions s'il conserve l'habit et la tonsure.

qui correspondent à des degrés déterminés dans les ordres mineurs ; mais un simple clerc n'a reçu aucun ordre, même mineur — *clericatus non est ordo* — et un professeur n'exerce même pas les modestes fonctions de portier. Il n'enseigne pas dans son église. De quelque manière qu'on retourne le problème, on ne voit pas pourquoi le mariage public l'eût privé du droit d'enseigner [1].

On arriverait d'ailleurs à la même conclusion en examinant le problème du point de vue des personnes intéressées elles-mêmes. Héloïse, on le verra par la suite, n'a jamais cru un seul instant que le secret demandé par Abélard, et promis par Fulbert, serait gardé. Elle avait d'excellentes raisons pour ne pas le croire, et c'est pourquoi elle envisageait toujours l'avenir en réaliste, non du point de vue des choses telles qu'Abélard souhaitait qu'elles fussent, mais du point de vue des choses telles qu'elle savait qu'elles seraient. Il est donc intéressant d'observer, que si désireuse qu'elle fût d'éviter ce mariage, jamais Héloïse n'a recouru à cet argument si simple : si tu m'épouses, ta carrière est finie, car tu ne pourras plus enseigner. Si l'argument eût été pos-

---

1. La législation canonique a subi une évolution marquée en ce qui concerne le droit des clercs mariés à conserver leurs bénéfices. Il semble que la question n'ait été définitivement résolue dans le sens négatif qu'après Alexandre III (J. FREISEN, *Geschichte des canonischen Eherechts*, 2ᵉ édit., Paderborn. 1893 ; p. 746). A partir de Grégoire IX, toute hésitation disparaît (*ibid.*, p. 747), et c'est d'ailleurs en ce sens qu'Abélard lui-même avait tranché la question. Mais il faut distinguer le *beneficium* de l'*officium* ; un diacre qui refusait d'observer la continence perdait à la fois son bénéfice et sa fonction (GRATIEN, *Decretum*, P. I., dist. 32, cap. x, éd. Friedberg, col 120) ; par contre, les clercs portiers, lecteurs, exorcistes et acolytes, qui se trouvaient en situation régulière, conservaient leur grade et n'étaient pas privés de leurs fonctions (*loc. cit.*, cap. xiv ; col 121). En fait, la réponse du pape Grégoire à saint Augustin de Cantorbery affirme expressément qu'un clerc qui n'avait pas reçu les ordres, s'il était incapable d'observer la continence, avait le devoir de se marier et de chercher à gagner sa vie : « Si qui vero sunt clerici extra sacros ordines constituti, qui se non possunt continere, sortiri uxores debent, et stipendia sua exterius accipere... ». GRATIEN, *op. cit.*, dist. 32, cap. iii ; col. 117. Tel eût été précisément le cas d'Abélard.

sible, il eût été décisif. Le fait qu'Héloïse n'en use pas invite à croire qu'il était impossible. Tout au contraire, dans un passage célèbre sur lequel nous aurons à revenir, Héloïse s'attache à décrire l'étrange vie qu'Abélard devra mener, le jour où, marié et vivant avec femme et enfants, il lui faudra enseigner la philosophie *et la théologie*[1]. Sans doute, Héloïse ne lui dépeint cette vie que pour l'en dégoûter d'avance, mais le fait même qu'elle s'attache à en souligner les inconvénients, ou même l'inconvenance, suffit à prouver qu'elle la considérait comme *possible*. Ni Héloïse qui brosse ce tableau, ni Abélard qui le reproduit pour nous, n'ont imaginé un seul instant ni que leur mariage devenu public mettrait fin à son enseignement, ni même que les étudiants pourraient alors déserter ses cours. Le seul problème qui préoccupe Héloïse n'est pas de savoir s'il y aura des étudiants, mais de savoir où les mettre. Elle avait d'ailleurs raison. Marié, mutilé, ridiculisé, persécuté, Abélard ne se sera pas plutôt enfermé dans la solitude du Paraclet que les étudiants y accourront en foule. Si le mariage devait porter atteinte à sa renommée, rien n'autorise à penser que ce fût à sa renommée de professeur.

Reste le titre de chanoine, sur la valeur duquel nous sommes beaucoup moins bien renseignés que sur celle du titre de clerc. Du moins convient-il d'écarter d'abord l'image que nous nous formons naturellement d'un chanoine qui, possédant cette dignité, est *a fortiori* un prêtre. Abélard lui-même parle de nombreux chanoines qu'on voit se rebeller contre les efforts de leurs évêques pour leur faire accepter les ordres sacrés[2]. Ces clercs ne tenaient aucunement à se faire prêtres.

1. ABÉLARD, *Hist. calam.*, cap. VII ; Pat. lat., t. 178, col. 131 A.
2. « Quot in ecclesiis vidimus canonicos episcopis suis reluctantes, cum ab eis ad sacros ordines cogerentur, et se indignos tantis ministeriis profitentes, nec omnino velle acquiescere ? » etc. ABÉLARD, *Epist. VIII* : Pat. lat., t. 178, col. 273 A.

La proposition ne commençait à les intéresser que s'il s'agissait pour eux de devenir évêques. Il faut aussi se méfier de l'idée, beaucoup plus séduisante, qu'Abélard fût nécessairement un des membres du chapitre de Notre-Dame. C'est ainsi que semblent se l'être représenté ceux qui se demandent s'il était chanoine de Tours, de Sens, ou de Paris [1]. Au point de sa carrière où nous le considérons, il était certainement chanoine de Paris, mais que représentait ce titre ?

La raison la plus forte, ou la plus tentante, qui invite à faire d'Abélard un membre du chapitre de Notre-Dame, est que tout chapitre comptait parmi ses dignitaires un *scholasticus* ; or nous savons d'ailleurs qu'Abélard dirigeait alors les écoles de Paris : *te quidem Parisius scholis praesidente* [2] ; rien de plus naturel, semble-t-il, que d'identifier le régent des écoles de Notre-Dame au *scholasticus* de son chapitre. Il y a pourtant à cela quelques difficultés. On ne peut guère douter que les fonctions du *scholasticus* d'un chapitre n'aient primitivement inclus la direction des écoles du cloître épiscopal ; mais il serait imprudent de conclure de là que le *scholasticus* du chapitre fût de droit le régent des écoles cathédrales. Les textes cités par Du Cange à l'article *Scholasticus* sont tous postérieurs au XIIe siècle ; en outre, il serait dangereux de conclure de ce qui se passait à Cahors à ce qui se passait à Paris. Dans l'un de ces textes, daté de 1252, nous trouvons, non pas un *scholasticus*, mais un *magister scholarum*, dont la fonction principale est de nommer une personne idoine *quae loco ipsius scholas regat*. Dans un autre texte, de 1288, il y a bien un *scholasticus*, mais c'est un homme *per quem idem rector scholarum eligendus fuerit*. Dans un troisième texte, non daté, emprunté aux *statuta antiqua* de l'église de Francfort, le *scholasticus* enseigne la grammaire

---

1. Ch. DE RÉMUSAT, *Vie d'Abélard*, t. I, p. 39.
2. HÉLOÏSE, *Epist. IV* ; Pat. lat., p. 178, col. 195 A.

et surveille le bon ordre du chœur. Il veille à ce que l'on s'agenouille ensemble, se lève ensemble, s'assoie ensemble, bref, c'est un maître des cérémonies. Rien de tout cela ne suggère une relation nécessaire, ni même étroite, entre ce titre et les fonctions de régent des écoles[1]. Nous ne savons pratiquement rien de ce qu'il en était à Paris dans le premier tiers du XIIᵉ siècle ; impossible donc soit d'affirmer, soit de nier, qu'Abélard fût ce dignitaire du chapitre de Notre-Dame, un *praelatus*, ni que cette dignité fût liée à ses fonctions de maître des écoles ou qu'elle en fût indépendante. Tout ce que l'on peut dire, c'est que rien n'oblige à l'affirmer et que son titre de chanoine peut s'expliquer à bien moindres frais.

L'une des plus anciennes préoccupations de l'Épiscopat, depuis les origines du moyen âge, avait été de mettre quelque ordre dans la vie du clergé séculier[2]. L'expression usitée pour désigner le genre de vie que l'on désirait imposer au clergé séculier, était celle de *vita canonica*, c'est-à-dire : vie conforme aux canons de l'Église. De là, par exemple, le *De institutione canonicorum* d'Aix-la-Chapelle (817), dont l'objet

---

1. On peut se faire une idée de l'indétermination du sens de *scholasticus* en consultant Fr. HURTER, *Tableau des institutions et des mœurs de l'Église au moyen âge*, Paris 1843 ; t. I, p. 433-435. Hurter constate que ce dignitaire « était plutôt chargé de l'inspection des écoles que du soin d'y enseigner lui-même, quoiqu'il s'y prêtât souvent de son propre mouvement » (p. 434). Il s'agit donc d'une tout autre fonction que celles que remplissait Abélard aux écoles de Paris. — Sur l'organisation des chapitres, voir P. HINSCHIUS, *System des katolischen Kirchenrechts*, Berlin, Guttentag, 1878, t. I, p. 59-80. On ne trouve rien dans ce travail si remarquable qui puisse s'appliquer exactement à ce que nous savons par ailleurs de la condition d'Abélard. Le *Cartulaire de l'église Notre-Dame de Paris*, publié par M. Guérard (Paris, 1850) ne mentionne que rarement le *scholasticus* et sans rien nous apprendre à son sujet.

2. Voir sur ce point J. FREISEN, *Geschichte des canonischen Eherechts bis zum Verfall der Glossenlitteratur*, 2ᵉ éd. Paderborn, 1893 ; p. 735 et 739-740. — Cf. T. D. Mc LAUGHLIN, *Le très ancien droit monastique de l'Occident*, Paris, Picard, 1935 ; p. 112 et p. 147.

est manifestement de rappeler aux clercs, et même à tous les chrétiens, les préceptes essentiels de la vie chrétienne. Les clercs visés par ces ordonnances ne sont pas des moines ; ils sont pourtant organisés en communautés régies par des règles fort strictes et portent le titre de *canonici*. Ces chanoines, tout organisés qu'ils sont restent donc des clercs séculiers. A partir de cette époque, l'Église ne cessera jamais de maintenir cet idéal d'un clergé séculier canoniquement organisé. Pour nous en tenir à des dates relativement proches de l'époque qui nous intéresse, rappelons que le Concile de Latran (1059) prescrivait de nouveau à tous les clercs ayant reçu les ordres majeurs de mener une vie régulière commune [1]. Tel était l'idéal, mais la réalité était loin de s'y conformer. Elle était d'ailleurs très diverse selon les époques et selon les lieux, et l'insistance même de l'Église à renouveler ses prescriptions atteste les résistances auxquelles elle se heurtait [2]. Pratiquement, le chapitre de la cathédrale était entouré d'un nombre indéterminé de clercs de tout ordre, qui portaient le titre de chanoines, non parce qu'ils faisaient partie du chapitre ou se pliaient aux règles canoniques organisant la vie des clercs, mais parce qu'ils exerçaient une fonction quelconque dans l'église cathédrale ou ses dépendances. Les écoles cathédrales dépendaient directement de l'évêque, et le régent de ces écoles devait porter le titre de chanoine, probablement avec bénéfice [3]. L'hypothèse la plus simple est qu'Abélard était l'un d'eux. Ce titre lui imposait assurément des devoirs et lui

1. C.-J. HEFELE, *Histoire des conciles*, t. IV, Paris, Letouzey, 1911 ; p. 11-14. (L. XXI, art. 417). — Cf. art. 418, p. 20-25, sur l'ancienne règle de Chrodegang.

2. C.-J. HEFELE, *op. cit.*, l. XXX, art. 555 ; t. IV, p. 1167-1168. — Cf. p. 1177.

3. Au cours du XIIᵉ siècle, les chapitres eux-mêmes se dissocièrent et leurs membres habitèrent des maisons particulières dans le voisinage de l'église. Voir HURTER, op. cit., p. 417.

conférait une certaine dignité ; mais les chanoines de Paris n'étaient pas rares ; Foulques de Deuil en parle comme d'une multitude : *plangit liberalium canonicorum multitudo* [1]. Un chanoine régulier marié eut été un vrai scandale ; un chanoine clerc tonsuré, marié, comme l'était Abélard, eût été un fâcheux exemple, surtout venant d'un maître aussi célèbre, et sa position dans l'Église en eût certainement été amoindrie : il se fût même trouvé dans une situation ecclésiastique irrégulière, mais il lui eût suffi de se démettre de son canonicat pour la régulariser [2].

Sans nier que des considérations de ce genre aient pu influencer son attitude, il nous faut donc chercher ailleurs que dans les exigences de règlements, dont il faudrait en outre savoir à quel point on les tenait alors pour contraignants, la raison fondamentale de ce mariage secret. Si nous persistons à l'y chercher, que ce soit moins dans leur lettre que dans l'idéal religieux qui les avait dictés.

---

1. FOULQUES DE DEUIL, *Epistola* ; pat. lat., t. 178, col. 374 C.

2. T. P. Mc LAUGHLIN, *The Prohibition of Marriage Against Canons in the Early Twelfth Century*, dans *Mediaeval Studies*, vol. III (1941), p. 95, art. 3. Sur la structure des chapitres au moyen âge, Gabriel LE BRAS, *Institutions ecclésiastiques de la chrétienté médiévale*, Ier Partie, Livres II à VI, pp. 376-390, Paris, Blaud et Gay, 1964.

CHAPITRE II

LE SECRET DU MARIAGE

Lorsqu'ils en viennent au problème du mariage secret, les meilleurs historiens donnent libre cours à leur imagination. Si Abélard désirait dissimuler son mariage, nous dit Ch. de Rémusat, c'est que « ce mariage coûtait quelque chose à son ambition ; c'était un parti qui pouvait compromettre sa position à l'école, l'obliger au moins à renoncer à l'enseignement de la théologie, lui faire perdre son canonicat, lui fermer la voie des hautes dignités de l'Église, et il ne les dédaignait pas ; on dit même que la mitre de l'évêque de Paris avait brillé à ses yeux. D'autres ont parlé de la pourpre romaine, que dis-je ? de la tiare pontificale elle-même [1] ». C'est fort possible. Qui prouvera jamais qu'Abélard n'ait pas caressé l'espoir de monter un jour sur le trône pontifical et, puisqu'il ne serait marié que secrètement, de s'installer tranquillement à Rome avec Héloïse ? On se demande si ceux qui formulent ces hypothèses font le moindre effort pour se représenter ce qu'ils imaginent. Disons du moins, et cette critique suffira peut-être, que de telles suppositions sont irréfutables, précisément parce qu'elles ne reposent sur rien. Ni Abélard, ni Héloïse, n'ont jamais suggéré rien de tel. Non seulement ils ne nous ont pas dit qu'Abélard allait

---

1. Ch. DE RÉMUSAT, *Abélard, sa vie, sa philosophie et sa théologie*, t. I, p. 63-64.

perdre, en se mariant, ses dernières chances d'être un jour pape, cardinal, ou évêque de Paris ; mais même en admettant que, perdant par un mariage le bénéfice attaché à son canonicat, il eût perdu son canonicat lui-même, nous ignorons encore s'il tenait à l'un ou l'autre, et nous sommes parfaitement sûrs, au contraire, que clerc légitimement marié, Abélard pouvait s'il le voulait, continuer d'exercer ses fonctions de clerc en enseignant la philosophie, ou même la théologie, à quoi il tenait certainement.

Au lieu de leur attribuer des motifs que ni l'un ni l'autre ne disent avoir conçus, on pourrait peut-être prendre garde à ceux qu'ils se sont eux-mêmes attribués. Ch. de Rémusat ne les ignore pas, et même il les résume ; mais il ne voit dans les arguments par lesquels Héloïse tenta de détourner Abélard du mariage, qu'un « discours étrange » ; il nomme même son plaidoyer passionné : « cette singulière argumentation[1]. » Héloïse objecte en fait à Abélard qu'un philosophe né pour le monde entier, un clerc qui appartient à l'Église, n'a pas le droit de s'engager dans les liens du mariage. Singulière ou non, c'est bien là l'argumentation d'Héloïse, et telle est aussi la honte qu'Abélard, faute de courage pour l'éviter, tente du moins de dissimuler. Les deux amants s'accordent sur un certain idéal du philosophe et du clerc, et c'est la grandeur d'Héloïse d'avoir tout fait, après leur commune déchéance, pour obtenir d'Abélard qu'il en redevînt digne. Négliger comme un accessoire simplement curieux cet idéal même, refuser d'y voir la force secrète qui suscite et domine tout ce conflit, alors qu'Héloïse et Abélard ne parlent que de lui, ne jugent la situation qu'en fonction de lui, c'est manquer l'entrée même du labyrinthe moral où, lorsqu'on y est, il n'est déjà pas si facile de se retrouver. Partout où leurs réflexions les conduisent, Héloïse et Abé-

1. *Op. cit.*, p. 60, note 1, et p. 62.

lard sont précédés, suivis, où plutôt poursuivis, par la grande
ombre de saint Jérôme, qu'Abélard lui-même avait sans
doute conjurée dans l'esprit d'Héloïse, et que la droiture
d'Héloïse ne lui permettait plus d'oublier. « Jérôme, le plus
grand docteur de l'Église et l'honneur de la profession monastique [1] ». voilà le grand homme parmi les grands, le maître
parmi les maîtres, celui dont la taille est la mesure de toute
hauteur et de toute bassesse. Il ne s'agit pas de savoir si,
en épousant Héloïse, Abélard va compromettre une prébende
ou une mitre, mais si, dans l'ordre de la grandeur spirituelle,
il va ou non accepter de se déclasser. Tel est le sens profond
des arguments d'Héloïse : tant qu'Abélard est libre, il peut
encore redevenir sinon un saint Jérôme, tout au moins un
Sénèque ; en se mariant, il s'exclut de la compagnie des
héros de la vie spirituelle, et tout espoir de retour lui sera
désormais interdit. Toute la force des arguments d'Héloïse,
et elle le sait bien, tient à ce qu'ils dressent contre Abélard
un idéal qu'elle tient d'Abélard lui-même et que, comme
on verra par la suite, il n'a jamais renié [2].

Le témoignage de saint Jérôme sur Sénèque, dont l'influence sur l'attitude d'Abélard fut décisive, mérite d'être
reproduit en entier : « Lucius Annaeus Sénèque, de Cordoue,
disciple du stoïcien Solion, oncle paternel du poète Lucain,
mena une vie de haute continence *(continentissimae vitae
fuit)*. Je ne l'inscrirais pas au catalogue des auteurs sacrés,
si ne m'invitaient à le faire les lettres, qui trouvent tant de

1. ABÉLARD, *Epist. VIII* ; Pat. lat., t. 178, col. 310 C.
2. Ne·dissimulons pourtant pas le ton dont Abélard, théologien, parle de
ces choses : « C'est pourquoi, disent Jérôme et Théophraste, un sage ne doit
pas se marier. Pour le reste, on peut l'essayer avant de l'avoir et savoir
quel est un cheval, par exemple, avant de l'acheter, mais il ne nous est pas
permis d'essayer une femme avant de l'avoir épousée. » ABÉLARD, *Epit.
Theol. christianae*, cap. XXXI ; Pat. lat., t. 178, col. 1746 D. Cette gracieuse
remarque est empruntée par Abélard à Jérôme, qui l'emprunte à Sénèque,
qui l'emprunte lui-même au *De nuptiis* de Théophraste.

lecteurs, de Paul à Sénèque et de Sénèque à Paul. Bien qu'il fût précepteur de Néron et un très puissant personnage en son temps, Sénèque y déclare qu'il aimerait tenir, parmi les païens, la même place que Paul parmi les chrétiens. Deux ans avant que Pierre et Paul reçussent la couronne du martyre, il fut mis à mort par Néron [1]. »

Il résulte de ce texte, d'abord que saint Jérôme accordait assez de crédit à la correspondance apocryphe de Sénèque et de saint Paul pour faire place à ce philosophe païen parmi les auteurs dont l'œuvre intéressait l'histoire de l'Église [2] ; ensuite que ce saint Paul païen pouvait être considéré, même par les chrétiens, comme un modèle de continence. Saint Jérôme avait-il des renseignements précis sur la vie de Sénèque ? On peut en douter. Ce qu'il en dit s'appuie probablement sur la doctrine du philosophe stoïcien, et sur l'hypothèse bienveillante que la vie de Sénèque se conformait à sa doctrine. Il n'est en effet pas impossible de tirer des écrits de Sénèque les éléments d'un éloge de la chasteté. Classée par lui au nombre des biens dont la perte rend la mort préférable à la vie, la *pudicitia* occupe dans sa doctrine le même rang que la liberté et la sagesse [3]. Ce n'est pas là un mince éloge. Sénèque n'était d'ailleurs pas le seul païen que Jérôme pût citer en faveur de la chasteté. Le long fragment du traité de Théophraste, *De nuptiis*, que Jérôme a traduit pour nous, n'est plus connu de nos jours que par cette citation [4] ;

1. Saint JÉRÔME, *De viris illustribus*, cap. XII ; Pat. lat., t. 23, col. 662.
2. Le témoignage de Jérôme passe même pour le plus ancien que l'on puisse citer en faveur de l'authenticité de cet apocryphe. Voir Ch. AUBERTIN, *Sénèque et saint Paul. Etude sur les rapports supposés entre le philosophe et l'apôtre*, Paris, Didier, 3ᵉ édit., 1872 ; p. 358. La correspondance est imprimée p. 429-436. Le texte visé par Jérôme se lit dans la lettre XI, p. 434.
3. SÉNÈQUE, *De beneficiis*, I, 11. En fait, Sénèque a expressément réclamé pour le philosophe le droit de prêcher plus de vertu qu'il n'en pratique : *De vita beata*, XVII-XVIII.
4. Saint JÉRÔME, *Adversus Jovinianum*, I, 47 ; Pat. lat., t. 23, col. 288-291. Voir les fragments du *De matrimonio* de SÉNÈQUE, recueillis et cités

mais elle suffit, et l'on conçoit qu'Abélard et Héloïse l'aient
méditée à loisir. La question posée par Théophraste était :
Le sage doit-il se marier ? Et la réponse est : non. Car il
est rare que toutes les conditions requises pour un bon mariage soient réunies, et même quand elles le sont, mieux
vaut s'en abstenir. Pourquoi ? Parce qu'une femme empêche
de vaquer à la philosophie et qu'il est impossible de servir
à la fois deux maîtres : sa femme et ses livres. Les femmes
ont toujours envie de quelque chose ; tant qu'elles ne l'ont
pas, elles passent toutes les nuits en d'interminables récla-
mations. Pourquoi as-tu regardé la voisine ? Qu'est-ce que
tu racontais à la petite bonne ? Nourrir une femme pauvre
est un fardeau, mais quel tourment que d'entretenir une
femme riche ! Si elle est belle, les hommes courent après
elle : si elle est laide, c'est elle qui court après les hommes.
On a la tâche de conserver ce que tout le monde désire ou
l'ennui de garder quelque chose qui ne fait envie à personne.
Bref, ce que Théophraste conseille au philosophe, plutôt que
prendre femme, c'est d'avoir un bon domestique [1]. Sur quoi
Jérôme s'écrie : « Quand Théophraste dit ces choses, et
autres du même genre, quels chrétiens ne fera-t-il pas rou-
gir de honte, eux dont la vie se passe dans le ciel, et qui
disent chaque jour (*Philip.*, 1, 23) : *cupio dissolvi, et esse
cum Christo* ? » Héloïse a soigneusement recueilli et les conseils de Théophraste et la conclusion qu'en tire saint Jérôme,
pour les retourner ensemble contre le projet d'Abélard [2].

Ce n'est pas tout. Jérôme avait appelé Cicéron au secours
de Sénèque et de Théophraste, car après que Cicéron eut
répudié Terentia, son ami Hirtius lui proposa d'épouser sa
sœur, mais Cicéron déclina l'offre, sous prétexte qu'il ne

par saint JÉRÔME, dans *L.A. Senecae Opera*, éd. F. Haase, Leipzig, Teubner,
1853, vol. III, Fragm. XIII, pp. 428-434.
 1. *Adversus Jovinianum*, I, 48 ; col. 291.
 2. *Hist. calamitatum*, cap. VII : Pat. lat., t. 178, col. 130-131.

pouvait s'occuper en même temps d'une femme et de la
philosophie. Au reste, ajoute aimablement saint Jérôme,
cette admirable Terentia devait épouser Salluste, ennemi
juré de Cicéron, puis Messala Corvin, et descendre ainsi pro-
gressivement les degrés de l'éloquence. Héloïse a précieuse-
ment recueilli l'exemple de Cicéron pour le renvoyer, comme
les précédents, à Abélard [1]. Joignons-y, toujours avec Héloïse
dont nous ne faisons ici que suivre les raisons, l'histoire de
Socrate arrosé d'un liquide immonde par Xanthippe, et qui
dut se contenter de dire qu'après un tel orage on pouvait
s'attendre à la pluie [2] ; ajoutons enfin un pittoresque développement sur les incompatibilités pratiques de la vie philosophique et de la vie de famille, dont les détails réalistes
sont bien d'Héloïse, mais que saint Jérôme avait plusieurs
fois esquissé dans ses traités et dans ses lettres de direction [3]
et l'on accordera sans doute que la haute autorité du Père
de l'Église garantissait, dans l'esprit d'Héloïse, cet idéal du
philosophe continent dont elle fut visiblement hantée. Mais
nous savons qu'Abélard communiait avec elle dans ce même
idéal. Il pouvait lire les textes de Sénèque où le stoïcisme
du philosophe rejoignait naturellement les prescriptions de la
morale chrétienne. Pour Abélard, Sénèque demeurera toujours « cet éminent sectateur de la pauvreté et de la continence, le suprême éducateur moral entre tous les philosophes » [4], dont Jérôme lui avait légué l'image ; *Seneca maxi-*
mus ille morum philosophus [5] ; *insignis ille tam eloquentia*

1. Saint JÉRÔME, *op. cit.*, 48 ; col. 291. HÉLOÏSE, *Hist. calamit., loc. cit.*,
col. 131 A. Cf. SÉNÈQUE, *De matrimonio*, éd. P. Haase, vol. III, p. 430, n. 61.
2. Saint JÉRÔME, *op. cit.*, 48 ; col. 291. HÉLOÏSE, *op. cit.*, col. 131 C.
3. Saint JÉRÔME, *De perpetua virginitate B. Mariae*, n. 20 ; Pat. lat., t. 23,
col. 214 AC. — Cf. *Epist* 54, *ad Furiam*, n. 4-5 ; Pat. lat., t. 22, col. 551-
552 ; HÉLOÏSE, *op. cit.*, col. 131 AB.
4. « Unde et Seneca maximus ille paupertatis et continentiae sectator, et
summus inter universos philosophos morum aedificator. » ABÉLARD, *Epist.*
VIII ; Pat. lat., t. 178, col. 297 B.
5. ABÉLARD, *Epist. XII*, col. 350 B.

quam moribus Seneca, ce correspondant et admirateur de saint Paul, dont Jérôme a loué la vie exemplaire[1] ; *Seneca quippe maximus morum aedificator*, dont le *De beneficiis* fournira d'exemples tel des sermons d'Abélard[2] ; et encore il est cet *insignis ille... moribus* admirateur et correspondant de saint Paul, et voici que la notice de saint Jérôme est une fois de plus reproduite en entier[3] : *Seneca quoque inter universos philosophos, tam moralis doctrinae quam vitae gratiam adeptus*, celui qui a clairement reconnu, dans une de ses lettres à saint Paul, que le Saint-Esprit est la source de tous les biens ?[4]. Bref, l'image qu'Abélard s'était formée de Sénèque tant en lisant saint Jérôme qu'en le lisant lui-même, le lui représentait comme le Moraliste par excellence ; l'Antiquité païenne dressait devant Abélard, sous le regard approbateur du plus grand des Pères de l'Église, ce modèle du docteur de la loi naturelle, en qui la grandeur philosophique était inséparablement liée à la continence des mœurs. Héloïse savait donc qu'elle touchait Abélard au vif lorsqu'elle opposait à son projet de mariage ce texte des *Lettres à Lucilius* : « Ce n'est pas seulement quand tu es de loisir qu'il faut philosopher ; il te faut négliger tout le reste pour t'y consacrer, car nul temps n'est assez long pour une telle étude... Interrompre la philosophie, c'est à peu près la même chose que de ne pas philosopher, car dès qu'on l'interrompt, elle s'évanouit... Il faut donc résister aux occupations et,

---

1. ABÉLARD, *Sermo 24*, *In conversione sancti Pauli* ; Pat. lat., t. 178, col. 535-536.

2. ABÉLARD, *Sermo 33*, *De sancto Joanne Baptista* ; Pat. lat., t. 178, col. 592-593. On notera dans ce passage qu'Abélard y maintient la hiérarchie entre le Philosophe et l'Apôtre, col. 592 B.

3. ABÉLARD, *Expositio in Epist. Pauli ad Romanos*, lib. I, cap. ɪ ; Pat. lat., t. 178, col. 790 BC.

4. ABÉLARD, *Introductio ad theologiam*, lib. I, cap. xxiv ; Pat. lat., t. 178, col. 1033. (Cf. *Lettres Apocryphes*, epist. VII, *in* Ch. AUBERTIN, *Sénèque et saint Paul*, p. 432.) Abélard cite de nouveau ce texte dans *Theologia christiana*, lib. I ; Pat. lat., t. 178, col. 1164 C.

loin de les accroître, s'en délivrer. » Ainsi, concluait Héloïse,
ce que, s'imposent aujourd'hui pour l'amour de Dieu ceux
qui méritent vraiment le nom de moines, les philosophes
illustres de l'antiquité se le sont imposé pour l'amour de
la philosophie [1]. Sera-t-il dit qu'Abélard ne mérite pas d'être
compté parmi ces *nobiles philosophos* ? Pour Héloïse, comme
pour Abélard, c'était là toute la question.

Ce qu'Héloïse voulait pour l'homme qu'elle aimait, c'était
donc un état de vie qui fût digne de sa grandeur philosophique. Or il se trouve précisément que le plus grand des
apôtres s'accorde sur ce point avec le plus grand des moralistes. Car tandis que Sénèque enseigne que le vrai philosophe ne cesse jamais de philosopher, saint Paul enseigne
de son côté que le vrai chrétien ne cesse pas un instant de
prier. L'Apôtre de la chasteté vient donc garantir ici de son
autorité celle du Moraliste de la continence. Veux-tu philosopher ? disait Sénèque, tiens-toi libre de tout ce qui n'est
pas philosophie : honneurs, charges publiques, et même mariage, car celui-ci souffre d'aimer la femme d'autrui, celui-là
d'aimer la sienne. Si tu dois aimer, aime la raison [2] ; voilà
la sagesse. Es-tu chrétien ? ajoute saint Paul, tiens-toi libre
de tout ce qui pourrait interrompre ta prière. Evite donc
d'abord le mariage ; non que le mariage soit condamnable
en soi, mais comme un empêchement pour la parfaite conti-
nuité de la vie chrétienne. « Celui qui n'est pas marié a souci
des choses du Seigneur ; celui qui est marié a souci des choses
du monde, il cherche à plaire à sa femme et il est partagé »
(*I Corinth.*, VII, 32-33). Or l'enseignement de saint Paul est
à la base de tous les développements de saint Jérôme sur
l'incompatibilité de l'état de mariage avec un état de vie

---

1. SÉNÈQUE, *ad Lucilium*, epist. 72. — Aux exemples tirés de saint Jérôme,
Héloïse ajoute celui de Pythagore, qu'elle emprunte à saint AUGUSTIN. *De
civitate Dei*, VIII, 2 ; Pat. lat., t. 41, col, 225.
2. SÉNÈQUE, *ad Lucilium*, epist. 74.

chrétienne parfaite[1]. Car enfin, si ce que saint Paul nous
dit est vrai, qu'il faut toujours prier, comment des époux
le feront-il ? L'essence même de l'état de mariage s'y oppose.
Le mari ne s'appartient pas, ni la femme ; ils appartiennent
l'un à l'autre, en ce sens strict que chacun des conjoints
possède, sur le corps même de l'autre, des droits qui ne
peuvent lui être refusés. Qui se marie aliène donc sa liberté :
« Que le mari rende à sa femme ce qu'il lui doit, et que la
femme agisse de même avec son mari. La femme n'a pas
puissance sur son propre corps, mais le mari ; pareillement
le mari n'a pas puissance sur son propre corps, mais la femme »
(*I Corinth.*, VII, 3-4). Il est donc de l'essence même de l'état
de mariage d'entraîner cette perte de liberté personnelle, et
c'était là, ne l'oublions pas plus qu'Héloïse, le droit stable,
le pouvoir définitif qu'Abélard allait lui donner sur sa personne, donc sur sa vie de philosophe, s'il l'épousait.

Or, ces droits, saint Jérôme rappelait à Abélard qu'il avait
le devoir de ne pas les offrir à Héloïse, à Héloïse qu'elle
avait le devoir de ne pas les accepter d'Abélard. « Ne vous
refusez pas l'un à l'autre », avait dit saint Paul, « si ce n'est
d'un commun accord, afin de vaquer à la prière » (*I Corinth.*,
VII, 5). La liberté de prier de chacun des conjoints va donc
se trouver liée au bon plaisir de l'autre. L'un ne pourra ni
prier, ni même rester dans les dispositions requises pour la
communion, à moins que l'autre n'y consente ? L'étrange

---

1. En fait, comme A. Esmein l'a parfaitement vu et clairement prouvé,
l'enseignement de saint Paul commande toute l'évolution du droit canonique
en ce qui touche le mariage des clercs : « Le sentiment chrétien démêlait
une sorte d'impureté fatale dans les relations sexuelles, même entre époux...
La discipline ordonnait aux gens mariés de s'abstenir des relations sexuelles
lorsqu'ils voulaient se livrer à la prière ; or le prêtre devait incessamment
vaquer à l'*oratio* », etc. A. ESMEIN, *Le mariage en droit canonique*, 2ᵉ édit.,
t. I, p. 314. — Cf. le texte de saint JÉRÔME, *Adversus Jovinianum*, cité par
GRATIEN, *Decretum*, P. I, dist. 31, cap. I, édit. Friedberg, col. 111, reproduit
par Yves DE CHARTRES, *Panormia*, lib. III, cap. XCVI ; Pat. lat., t. 161,
col. 1152.

lien que voilà pour un chrétien ! « Tandis que je remplis les devoirs du mariage, je ne remplis plus celui de la continence. L'apôtre nous ordonne en effet ailleurs (*I Thess.*, v, 16-17) de *toujours prier*. S'il faut toujours prier, il ne faut donc jamais s'asservir au mariage, car chaque fois que je rends à ma femme ce que je lui dois, je ne peux plus prier [1]. » Raisonnement irréfutable, fondé sur les droits et devoirs mutuels que le sacrement lui-même confère aux époux, et que saint Jérôme a résumé dans cette formule lapidaire, *aut oramus semper et virgines sumus, aut orare desinimus ut conjugio serviamus* [2] : Ou prier toujours, et pour cela rester vierge, ou bien s'asservir au mariage et perdre la liberté de prier.

Si l'on admet la sincérité passionnée de leur idéal du philosophe et du clerc, tout s'explique, et tout s'explique comme ils l'ont eux-mêmes expliqué. Si, vivant en des temps où ce double idéal a perdu de sa noblesse, on refuse de prendre au sérieux ce qu'ils en disent, leur histoire perd son véritable sens et, pour lui en rendre un, l'historien doit s'engager dans des explications que ne garantit aucun texte. Ce qu'Héloïse n'a cessé de maintenir, c'est que le mariage serait pour Abélard un déshonneur et une source de difficultés sans cesse renaissantes : « elle mettait en avant, à la fois, mon *déshonneur* et les *difficultés* du mariage [3]. » Ce mariage, disait-elle, serait à la fois infamant et onéreux ; bref ce serait pour Abélard une honte, *turpitudo*, et une honte qui l'atteindrait elle-même, puisque, par son consentement au mariage, elle-même l'aurait consommée : *se et me pariter humiliaret* [4]. Voilà les raisons d'Héloïse. *Ne famae detrimentum incurrerem* :

1. Saint JÉRÔME, *Adversus Jovinianum*, lib. I, n. 7 ; Pat. lat., t. 23, col. 230.
2. Saint JÉRÔME, *Epist.* 22, *ad Eustochium*, n. 22 ; Pat. lat., t. 22, col. 409.
3. Héloïse, *in* ABÉLARD, *Historia calamitatum* ; Pat. lat., t. 178, col. 130 B.
4. ABÉLARD, *op. cit.*, col. 130 B : « ce serait une humiliation pour elle comme pour moi. »

pour ne pas porter atteinte à sa gloire, voilà pourquoi, dans le temps même qu'il offre le mariage, Abélard veut du moins qu'on le tienne secret. Ils n'ont pas dit autre chose. Que de telles raisons surprennent un lecteur moderne à tel point qu'il se refuse à les prendre au sérieux, on ne le conçoit que trop aisément ; mais Héloïse savait ce qu'elle faisait en s'adressant ainsi au sens qu'Abélard avait de la grandeur du clerc [1] ; elle était sûre que chacun de ses arguments irait droit au but, et elle avait raison d'en être sûre car, on va le voir, il n'est pas un seul d'entre eux qu'Abélard n'ait expressément accepté.

Il pouvait d'autant moins rester sourd à cet appel, que lui-même professait ouvertement cet idéal du clerc et du philosophe. Le drame intime qui se jouait en lui, depuis qu'il avait séduit Héloïse, tenait à l'opposition profonde et comme au déchirement, dont il souffrait, entre ce qui avait fait sa grandeur et ce qu'était sa vie : « plus j'avais progressé en philosophie et en théologie, plus je m'éloignais, par l'impureté de ma vie, des philosophes et des théologiens » [2]. Ces philosophes et ces théologiens dont il devient indigne, qui sont-ils ? Nous en connaissons au moins deux : Sénèque, entre les philosophes, et saint Jérôme parmi les

1. Il n'est pas superflu de noter que, dans les considérants invoqués par les textes canoniques pour justifier soit l'interdiction du mariage pour les clercs majeurs, soit les déchéances consécutives au mariage des clercs mineurs, l'argument fondamental se tire le plus souvent de l'abandon de l'état de perfection qui impliquent nécessairement de tels mariages. Licite ou non, le mariage est une forme d'incontinence. C'est au nom de ce principe que l'on interdit, non seulement le mariage des clercs majeurs, mais encore la cléricature des hommes remariés (voir plus haut, p. 20), et même qu'on prive les clercs majeurs mariés de leurs bénéfices. Voir Yves de Chartres, dans A. ESMEIN, *op. cit.*, p. 329, note 2 : « clericus vero qui *postposita clericali continentia, de superiori ordine ad inferiorem descendit*, stipendia militiae clericalis amittat. » Esmein ajoute : « Il n'est pas douteux que ce chanoine fût au moins sous-diacre. » C'est possible, mais rien ne le prouve. — Cf. Yves DE CHARTRES, *Panormia*, lib. III, cap. cɪ ; Pat. lat., t. 161, col. 1152 D.

2. ABÉLARD, *op. cit.*, cap., v ; col. 126 B.

théologiens. Abélard n'est donc plus un homme de leur classe : « c'est un fait que les philosophes, pour ne rien dire des théologiens, c'est-à-dire ceux qui se penchent sur les leçons de l'Écriture Sainte, ont dû à leur continence le plus pur de leur gloire »[1]. Ce que les païens admiraient chez les grands philosophes, c'était bien moins leur science que la pureté de leur vie[2]. Voilà ce qui leur valait le titre de Sages. Or, sa déchéance de la sagesse, Abélard ne va-t-il pas la publier et la rendre en quelque sorte irrévocable en la stabilisant dans l'état de mariage ? Il s'agit pour lui de choisir entre deux états, l'un supérieur, celui de clerc, l'autre inférieur, celui d'homme marié. Le clerc, on pouvait alors le lire dans le *Corpus juris* attribué à saint Jérôme, se devait tout entier au service divin, à la contemplation et à la prière ; il devait donc s'interdire tout le bruit des choses temporelles[3]. Or, si Abélard épouse Héloïse, Héloïse aura des droits sur lui ; elle l'en avertit et, dans ce qu'elle en dit, tout annonce qu'une fois nantie de son titre de propriété sur Abélard, elle saura s'en servir. Pourquoi, d'ailleurs, lui donner les droits de l'épouse, sinon pour qu'elle les exerce ? Tant qu'Abélard est libre, il n'appartient qu'à lui-même ou, ce qui revient au même, au monde entier comme philosophe, à l'Église entière comme théologien. Marié, il appartient à Héloïse d'abord et de plein droit, Ainsi le veut l'état de mariage, et cet asservissement qu'il entraîne pour Abélard en fera pour lui la honte : « Qu'il est indécent, qu'il est lamentable, que créé pour tous par la nature, j'aille me consacrer à une seule femme et me soumettre à pareille honte. » Toute l'Église, tous les philosophes déploreraient

---

1. ABÉLARD, *loc. cit.*, col. 126 B.
2. ABÉLARD, *op. cit.*, cap. VII ; col. 132 B.
3. *Corpus juris*, Decret., P. II, causa 12, q. 1 ; dans *Dict. de Théologie catholique*, art. *Clercs*, col. 226.

cette perte [1], précisément parce qu'il n'y a pas de milieu ni de comparaison concevable entre les deux états, celui d'un clerc et d'un philosophe libre, ou le mariage qui conférerait à Héloïse des droits sacrés sur lui.

Ce qui domine tout ce drame est donc bien l'idéal de l'état de clerc si fortement défini par saint Jérôme, et que les théologiens, moralistes et canonistes s'étaient attachés à définir d'après lui [2]. Ce qui lui donnait sa force, c'est qu'Abélard lui-même n'avait jamais un instant songé à le mettre en question. Pour lui, comme pour Héloïse, la cléricature est la cléricature et le mariage est le mariage. Il faut choisir entre être maître de soi-même ou vivre dans la servitude ; entre pratiquer la continence pour avoir droit de vaquer à la philosophie en homme libre, ou y renoncer et ne plus enseigner un idéal que l'on s'ayoue incapable de mettre en pratique. En lui parlant du mariage comme d'un joug — *de tanto matrimonii jugo.* — et en lui parlant ainsi au nom de saint Paul, de saint Jérôme et des philosophes même que saint Jérôme avait cités, Héloïse sommait Abélard de pratiquer ce qu'il enseignait. En l'exhortant à ne pas consacrer lui-même sa propre déchéance et à ne pas lui imposer à elle-même la honte d'en être complice, elle faisait appel à ce qu'il y avait, en lui comme en elle, de plus puissant et de plus profond : le sens de sa grandeur réelle, et de ce qui justifiait sa gloire aux yeux de l'Église et du monde entier.

---

1. Héloïse, *in* ABÉLARD, *Hist. calamit.*, cap. VII ; Pat. lat., t. 178, col. 130 B.

2. Saint JÉRÔME, *Epist.* 52, *ad Nepotianum*, n. 5 ; Pat. lat., t. 22, col. 531-532. Les Clercs sont ainsi nommés « quia de sorte sunt Domini, vel quia ipse Dominus sors, id est pars clericorum est » (531). Donc, pauvreté absolue, éviter les femmes, etc. *(ibid.).* Plus loin : « Praedicator continentiae, nuptias ne conciliet » (col. 539). — Cf. Yves DE CHARTRES, *Decretum*, Pars VI, cap. I ; Pat. lat., t. 161 col. 439, et cap. III, col. 439-442 (d'après JÉRÔME, *loc. cit.*, et ISIDORE, *De off, eccles.*, lib. II, cap. I).

Car Abélard non plus n'a jamais douté un seul instant
que le mariage ne fût à la fois une humiliation et une servitude : « Quel lien plus étroit que celui du couple conjugal », écrira-t-il plus tard, « quelle servitude plus lourde
à porter pour un homme que de n'être même plus le maître
de son corps ? Bref, quoi de plus lourd à porter dans la vie,
que d'être quotidiennement en proie aux soucis que donnent
une femme et des enfants ? » Qu'est-ce donc, après tout,
qu'un mari ? C'est un « âne domestique »[1]. Sous la plume
d'Abélard, comme sous celle d'Héloïse et de saint Jérôme,
le thème des difficultés pratiques entraînées par le mariage
du clerc, et celui de son indécence ou inconvenance sociale[2]
se relient toujours à la doctrine fondamentale de saint Paul
sur la servitude corporelle des époux et son incompatibilité
essentielle avec la perfection chrétienne : « Y a-t-il plus
grande servitude, pour le mari ou pour la femme, que de
ne plus être maître de son propre corps, et de ne pouvoir
s'abstenir de rapports charnels, serait-ce afin de prier, sans
la permission de l'autre ? » Bref, ainsi que le dit saint Paul,
dont Abélard ne se lasse pas de citer le texte, puisque le
corps du mari appartient à sa femme comme le corps de la
femme à son mari, la continence de chacun dépend du libre
consentement de l'autre ; ou plutôt, car il faut bien tout
dire, elle dépendra de l'incontinence de l'autre. Car le mariage est un remède contre l'incontinence éventuelle soit de

---

1. ABÉLARD, *Sermo* 33, *De sancto Joanne Baptista* ; Pat. lat., t. 178, col.
5872.

2. Héloïse a en effet usé de trois arguments différents, quoique étroitement reliés : ce mariage était *probrosum, onerosum* et *inhonestum*. Elle entend par là qu'Abélard marié n'aurait pas disposé des ressources nécessaires
pour mener un genre de vie sociale en rapport avec son état. — Cf. *Hist.
calamit.*, cap. VII ; Pat. lat., t. 178, col. 131 A : « ipsum consule honestae
conversationis statum ». Leur vie commune eût manqué de dignité.

3. ABÉLARD, *Problemata Heloissae*, Probl. 14 ; Pat. lat., t. 178, col. 701 D.
Saint Paul et saint Jérôme sont cités à l'appui.

l'homme, soit de la femme, et c'est pourquoi, chacun des époux devant à l'autre ce qu'il désire, tous deux doivent endurer cette servitude en quelque sorte mutuelle — *mutuam quaodammodo servitutem* [1] — dont il est possible qu'Héloïse l'ait désirée pour elle-même, mais dont il est du moins certain qu'elle ne voulait pas pour Abélard, et qu'elle jugeait indigne d'Abélard qu'il songeât à se l'imposer.

Si l'on admet qu'un tel état d'esprit ait été le leur, et ce sont eux-mêmes qui l'affirment, la conduite ultérieure d'Abélard et d'Héloïse en cette affaire retrouve un sens intelligible. Douter qu'Héloïse ait pu prendre ses arguments au sérieux, ou même, comme on a fait, qu'elle ait pu effectivement les emprunter à saint Jérôme, c'est simplement douter qu'elle ait pu être Héloïse. Son attitude et ses méthodes ne sont assurément pas du type courant, mais elle n'était pas non plus une femme ordinaire ; une telle lettrée était précisément femme à user de tels arguments. En fait, d'ailleurs dès sa première réponse à Abélard, Héloïse a expressément pris à son compte, et implicitement garanti comme authentique, l'ensemble des raisons que lui attribuait publiquement la lettre d'Abélard : « Tu as bien voulu rapporter quelques-unes des raisons par lesquelles je tentais de te détourner de notre mariage et de cet hymen funeste [2]. » En attendant qu'un argument précis contre ce double témoignage soit produit par un historien quelconque, tout le texte et son contexte nous invitent à l'accueillir comme fidèle à la vérité.

Au point de l'analyse des textes où nous sommes parvenus, la situation peut donc se résumer ainsi. Clerc et chanoine Abélard pouvait librement contracter mariage à la seule condition de résigner son canonicat. D'autre part,

1. ABÉLARD, *Problemata Heloissae*, Probl. 42 ; Pat. lat., t. 178, col. 727 D.
2. HÉLOÏSE, *Epist. II* ; Pat. lat., t. 178, col. 185 A.

il désirait vivement ce mariage, pour des raisons faciles à concevoir et qu'il nous a d'ailleurs dispensés de deviner. Abélard occupait la fonction académique alors suprême de chef des écoles de Paris et il tenait à la conserver ; mais il ne pouvait plus supporter d'être séparé d'Héloïse ; or, pour ramener Héloïse de Bretagne à Paris, et y renouer leur liaison sans mettre le comble à la fureur de Fulbert, il lui fallait nécessairement l'épouser.

Nous devons ici tenir compte, puisque Abélard nous en a fait confidence, de la passion profonde, ardente, qui s'était emparée de lui et l'attachait désormais à Héloïse pour toujours. Le froid calcul qu'il avait mis au service de la luxure dans son entreprise de séduction, avait fait place en lui à un sentiment, violemment charnel certes, mais dont, en cet ordre du moins, la sincérité ne peut être mise en doute, puisque c'est elle qui fut la cause de tous ses malheurs. Abélard aimait désormais Héloïse, d'un amour exclusif et jaloux, qui lui rendait insupportable l'idée qu'elle pût jamais appartenir à un autre. Abélard voulait Héloïse pour lui seul, et pour toujours. Il la voulait ainsi parce qu'il l'aimait, et que le seul moyen pour lui de se l'attacher à jamais était de l'épouser : « cum cuperem te mihi supra modum dilectam *in perpetuum* retinere ». Sûr du présent, Abélard restait jaloux de l'avenir : sentiment peu noble, et même assez bassement injurieux pour qui connaissait Héloïse comme Abélard eût dû la connaître, mais qu'il éprouva pourtant, comme tant d'hommes l'eussent éprouvé à sa place, et qu'il n'a même jamais désavoué dans la suite. Après l'attentat dont il sera victime, alors qu'il sera déjà abbé de Saint-Gildas, et elle abbesse du Paraclet, Abélard se félicitera encore, pour Héloïse comme pour lui-même, que leur mariage les eût pour toujours liés l'un à l'autre. Même à cette date, il ne doutera pas un instant que, eût-elle été libre de le faire, Héloïse se serait mariée après qu'il fût entré en religion : « Si tu ne m'avais pas été d'abord unie par le mariage, au moment où je suis sorti du siècle, tu t'y serais engagée soit à la suggestion de ta famille, soit par la séduction des voluptés charnelles [1]. » Jamais Abélard ne fut plus sincère qu'en écrivant ces lignes ; jamais non plus il n'a plus clairement prouvé qu'il était indigne d'Héloïse, et combien, sur ce plan de l'amour humain, il est toujours resté au-dessous d'elle. C'est seulement sur un autre, on le verra plus tard, qu'il lui sera donné de la dépasser.

En attendant il semble clair que le mariage d'Abélard était une décision dont nul n'a jamais dit qu'elle fût sacrilège, mais que tout le monde jugeait extraordinaire : Fulbert, pour qui l'offre était inespérée ; Abélard, qui n'y avait jamais pensé en séduisant Héloïse, et qui, s'y décidant sur le tard, voulait qu'on tînt ce mariage secret ; Héloïse enfin, qui non seulement s'était laissé séduire sans attendre d'Abélard ni le mariage, ni même la plus vague promesse de mariage, mais qui, alors qu'il l'exigeait, tentait de l'en détourner. Or, jusqu'à présent, les textes dont nous disposons n'autorisent qu'une seule explication du caractère anormal et extraordinaire de ce mariage, c'est celle qu'en propose Abélard lui-même : en me mariant, j'allais déchoir et porter atteinte à ma gloire. De cette explication, nous n'avons qu'un seul commentaire authentique, celui qu'Abélard lui-même en donne, et dont il emprunte à Héloïse tous les considérants : la grandeur d'Abélard, qui est celle du clerc et du philosophe, est liée au célibat. Ces considérants eux-mêmes, Héloïse affirme dans une lettre ultérieure qu'elle les a réellement fait valoir auprès d'Abélard, et de nombreux textes d'Abélard attestent qu'il en acceptait lui-même les motifs. Si l'histoire consiste à retracer les événements tels que les documents permettent de les connaître et de les interpréter,

1. Abélard, *Epist.* V, Pat. lat., t. 178, col. 208 A.

c'est donc dans l'idéal du clerc inculqué par saint Jérôme à Abélard, et dans l'ambition d'Abélard, sinon d'être un clerc selon le cœur de Sénèque et de saint Jérôme, du moins de passer pour tel, qu'il faut chercher sa raison d'exiger le secret. S'il s'agit d'écrire un roman historique on peut imaginer dix autres raisons plus apparentes selon le genre de lecteurs auquel on s'adresse. Quant à la critique, nécessaire et excellente tant que, critiquant les documents les uns par les autres, elle en élimine l'apparence au nom de la réalité, elle perd tout intérêt dès qu'elle substitue le point de vue de l'observateur à celui des choses observées. On voit surgir alors l'Esprit Critique, avec tous les romans pédantesque dont il encombre l'histoire, et dont le moindre défaut est de n'être même pas amusants. Car c'est le propre de l'Esprit Critique d'être lui-même la mesure de la réalité historique. Dès qu'un événement l'étonne, cet événement perd le droit de s'être passé ; dès qu'un sentiment le dépasse, celui qui l'exprime perd le droit de l'avoir éprouvé. On peut craindre que cette histoire de grands hommes réduits à la taille des érudits qui l'écrivent manque souvent de pittoresque, mais elle manquera toujours de vérité lorsque la vérité sera dans la grandeur. Héloïse et Abélard sont grands jusque dans leurs fautes ; on ne peut mesurer la profondeur réelle de leur chute que du haut de l'idéal dont ils se réclament. Cet idéal, c'est celui des vertus héroïques de la vie spirituelle ; l'un et l'autre s'en réclament, non pour chanter victoire, mais pour marquer l'étendue de leur défaite ; on peut donc les en croire, et nul qui ne les croie ne pourra jamais les juger aussi sévèrement qu'ils se jugent, ni leur accorder ce qu'ils espéraient de nous en nous livrant leurs confidences, un peu d'amour et de pitié.

Chapitre III

ENTRE DEUX SÉPARATIONS

Malgré les refus obstinés d'Héloïse, Abélard finit par imposer sa volonté. Elle l'aimait, il était le maître et, puisqu'il le voulait ainsi, elle ne pouvait qu'obéir. Les mots si simples dont use Abélard pour exprimer les sentiments d'Héloïse sont sans doute les plus vrais dont il soit possible d'user : *nec me sustineret offendere* ; elle ne pouvait souffrir de me peiner. Héloïse céda donc, mais elle conclut, tout en larmes et des sanglots dans la voix : « Il ne reste donc plus qu'à nous perdre l'un et l'autre et à souffrir autant que nous avons aimé ». En quoi, ajoute Abélard, elle eut une fois de plus l'esprit de prophétie, et le monde entier l'a depuis reconnu.

Leur décision prise, les deux amants confièrent l'enfant à la sœur d'Abélard, et revinrent tous deux secrètement à Paris. Quelques jours après leur arrivée, ayant non moins secrètement célébré vigiles pendant la nuit dans une église, ils y reçurent la bénédiction nuptiale au petit jour. Il n'y avait, comme assistants, que Fulbert et quelques amis des deux côtés. Aussitôt après, on se retira séparément ; dès lors, Héloïse et Abélard ne se virent plus qu'à de rares intervalles, en cachette, et en faisant tout pour que leur mariage demeurât ignoré. Lorsqu'ils se marièrent, Abélard devait avoir atteint la quarantaine, Héloïse avait environ dix-huit ans ans.

En décidant de garder le secret sur leur mariage, Abélard s'engageait et engageait Héloïse dans d'inextricables difficultés. Le mariage ne pouvait être absolument secret, puisque Fulbert devait y assister pour s'assurer qu'on ne le jouait pas, et même exiger que la cérémonie eût lieu devant témoins. Il était humainement improbable qu'aucun témoin ne trahît jamais le secret, mais à supposer que les amis demeurassent fidèles, on pouvait compter sur Fulbert pour que la chose s'ébruitât. Il fallait qu'Abélard fût entraîné par une passion bien violente pour qu'elle l'aveuglât sur un tel risque. On en est réduit aux hypothèses sur les termes du calcul auquel il se livra sur ce point. La plus simple n'est malheureusement pas des plus honorables, car il semble qu'Abélard ait compté sur ce que son offre d'épouser Héloïse avait d'inespéré pour acheter le silence de Fulbert. Que Fulbert n'eût jamais espéré cette réparation du passé, c'est probable ; mais dès lors qu'Abélard ramenait Héloïse à Paris et refusait de rompre avec elle, Fulbert n'avait pas seulement le droit d'espérer qu'Abélard l'épouserait, il avait le devoir de l'exiger. Si tel fut le calcul d'Abélard, il offrait donc à Fulbert d'échanger quelque chose contre rien.

Ce n'est pas tout. En offrant à Fulbert un mariage secret pour réparer l'offense qu'il avait commise contre lui, Abélard offrait une réparation secrète d'une offense publique. Tout le monde des clercs savait qu'Abélard avait séduit Héloïse dans la maison même de son oncle et qu'il l'en avait ensuite enlevée ; un mariage secret était donc une réparation faite à la morale, mais non point à l'honneur de Fulbert. Pour que ce mariage lui apportât quelque satisfaction, il fallait qu'on en connût l'existence. Il le fallait d'autant plus que, si furtives et rares qu'elles fussent, les rencontres d'Abélard et d'Héloïse pouvaient un jour s'ébruiter, pour la honte redoublée de Fulbert et le plus grand déshonneur d'Héloïse. Car enfin, Abélard n'avait pas accepté qu'elle demeurât sa maîtresse, mais il acceptait sans scrupules que sa femme passât pour sa concubine, sans autre raison que son désir de sauver la façade d'une grandeur dont l'édifice s'était effondré du dedans. Qu'Abélard ait pu compter sur le sacrifice total d'Héloïse, elle-même ne nous pardonnerait pas d'en douter. Dans l'ordre de l'amour humain, la grandeur d'Héloïse est absolue. Mais qu'Abélard ait compté sur un égal oubli de soi de la part de Fulbert, nul ne pourrait le croire, si nous ne tenions de lui-même qu'il l'a fait.

Il le fit donc, et ce qui devait arriver arriva. L'oncle Fulbert et ses familiers, cherchant à se dédommager de l'affront subi, dit Abélard dont l'indignation est ici d'une naïveté désarmante, ne tardèrent pas à violer leur promesse et à divulguer le mariage. Héloïse, au contraire, jouait le jeu jusqu'au bout et jurait ses grands dieux que rien n'était plus faux : *illa autem e contra anathematizare et jurare quia falsissimum esset*. On conçoit assez la colère de Fulbert devant cette obstinée qui se parjurait pour lui donner publiquement le démenti. Il n'avait pas les mêmes raisons qu'Héloïse d'aimer Abélard ; on peut même admettre que, de toutes les vengeances qu'il avait pu méditer, celle qui consistait à dire qu'Abélard, qui avait effectivement épousé Héloïse, était le mari d'Héloïse, était la plus inoffensive à laquelle on pût s'attendre de sa part. Si l'on avait eu la sagesse de lui laisser celle-là, Fulbert n'en aurait probablement jamais cherché d'autre ; mais Abélard tenait bon, donc Héloïse ne cédait pas, et des scènes violentes éclataient entre elle et son oncle, scènes qui finissaient par des insultes, peut-être même des coups : *crebris eam contumeliis afficiebat*. Abélard s'en émut et, pour mettre fin à cette situation, il envoya Héloïse à l'abbaye d'Argenteüil, où elle avait été instruite et élevée dans sa jeunesse.

Quod cum ego cognovissem : « l'ayant appris », dit Abélard. Nous ne saurions donc affirmer qu'il y ait eu d'autres motifs à cette décision; mais la suite de l'histoire est telle qu'on peut à peine s'empêcher d'en supposer d'autres. On admettra volontiers qu'il ait voulu soustraire Héloïse aux violences de Fulbert et que, par conséquent, il lui ait cherché quelque part un abri. Son ancien couvent, Argenteuil, était un lieu fort convenable, et l'on conçoit aussi qu'Abélard y ait pensé. On pouvait pourtant craindre de créer par là une équivoque sur les intentions d'Héloïse et de faire croire à Fulbert qu'Abélard voulait se débarrasser d'elle en la faisant entrer en religion. En fait, si Abélard avait voulu le faire croire, il ne s'y serait pas pris autrement. Et il n'était peut-être pas fâché qu'on le crût. Puisque tous deux continuaient de nier qu'ils fussent mariés, Abélard n'avait certainement pas encore fait le sacrifice de sa gloire de clerc ; mais pour qu'Héloïse en fût réduite à jeter l'anathème sur ceux qui la disaient mariée, il fallait que le bruit s'en fût déjà quelque peu répandu. En envoyant Héloïse à Argenteuil, Abélard faisait coup double, puisqu'il la sauvait des sévices de Fulbert et se donnait à lui-même un argument décisif contre tout bruit de ce genre : vous voyez bien qu'elle n'est pas ma femme, puisqu'elle entre au couvent ! Je n'oserais pourtant lui prêter des intentions dont il n'a pas dit mot, n'était le détail vraiment inquiétant qu'il ajoute : « Je lui fis faire aussi les vêtements religieux convenables à la vie monastique, sauf le voile, et je les lui fis revêtir [1]. On n'ose traduire le latin dans toute sa force : *et his eam indui*, et je l'en revêtis ; expression qui, prise à la lettre, évoquerait l'image d'un Abélard revêtant lui-même Héloïse de l'habit monastique, sauf le voile, dans une sorte de prise d'habit. De toute façon, Héloïse ne pouvait plus passer aux yeux du monde pour autre chose qu'une novice et l'on a peine à croire qu'Abélard ait voulu pousser les choses jusque-là par simple souci

1. ABÉLARD, *Hist. calamit.*, cap. VII ; Pat. lat., t. 178, col. 134 A.

des convenances vestimentaires. Quelles qu'aient été les intentions véritables d'Abélard, on excusera Fulbert de s'y être laissé tromper.

La suite de l'histoire est connue. En apprenant ces faits, dit Abélard, l'oncle d'Héloïse et ses parents ou relations pensèrent qu'Abélard les avait joués et qu'il avait cherché le moyen de se débarrasser facilement d'Héloïse en la faisant ainsi entrer en religion. Violemment indignés, ils formèrent un complot contre Abélard. Ayant acheté la complicité de son serviteur, ils le surprirent pendant son sommeil dans une chambre secrète de l'hôtel où il résidait et lui firent subir la plus cruelle et la plus honteuse des mutilations. Comme Abélard le dit sans ambages, et comme il le répétera plus tard : on le punissait par où il avait péché [1]. Le monde, ajoute-t-il, apprit cette nouvelle avec stupeur. Le matin suivant, la foule accourut. La clameur de tout ce peuple, mais surtout les lamentations des clercs, et particulièrement de ses étudiants, le couvraient d'une honte bien plus intolérable que la douleur physique dont il souffrait [2]. Cette fois, c'en était fini de sa gloire ; car elle était éteinte à jamais, ses ennemis triomphaient, ses parents et amis étaient déshonorés par cet attentat, que sa singularité même allait imposer à l'attention du monde entier. Comment paraître désormais en public ? On allait le montrer du doigt, le tourner en ridicule comme un monstre curieux. Tous les textes de l'Ancienne Loi où Dieu lui-même rejetait les eunuques comme des êtres immondes exclus de son service, assiégeaient sa mémoire. Certes, la lettre de la Loi était

---

1. *Loc. cit.*, col. 134 B ; 135 B. — Cf. *Epist. V* ; col. 206 D.
2. Abélard était à peine réveillé lorsqu'il subit cette mutilation. Cf. plus loin le passage relatif à Origène, cap. xiv, col. 177 A. L'étendue et la profondeur de l'impression produite par cet attentat est attestée par la lettre de Foulques de Deuil ; Pat. lat., t. 178, col. 374 D. Antérieure à l'*Historia calamitatum*, la lettre de Foulques en confirme sur plusieurs points l'exactitude.

désormais abrogée, mais elle était une marque toujours vivante de sa déchéance. Ne sachant de quel côté se tourner, et plutôt par honte que par vocation religieuse, ainsi qu'il nous le dit lui-même, il alla chercher la paix et le silence dans le cloître de l'abbaye de Saint-Denys [1].

On sait assez qu'il ne devait y trouver ni l'une ni l'autre. Pressé d'y reprendre son enseignement philosophique et théologique, il y composa un traité *De Unitate et Trinitate divina* qui fut condamné et brûlé au concile de Soissons ; pour arranger les choses, il trouva moyen d'exaspérer contre lui les moines de Saint-Denys, tant en leur reprochant leurs mauvaises mœurs, ce qui lui était désormais facile, qu'en leur démontrant que leur abbaye n'avait pas été fondée par Denys l'Aréopagite ainsi qu'ils le prétendaient. Il s'enfuit donc de l'abbaye et, après bien des péripéties, obtint permission de se retirer près de Troyes, dans une solitude dont il fait un éloge que Pétrarque devait lire et souligner [2]. Bientôt les disciples vinrent peupler ce désert où, dénué de tout, trop faible pour travailler la terre, mais trop fier pour mendier, Abélard accepta d'enseigner de nouveau en échange de la nourriture que ses élèves lui donneraient. Leurs cabanes s'élevèrent auprès de la sienne. On reconstruisit, en l'agran-

1. Deux des assaillants d'Abélard, dont le serviteur qui l'avait trahi, furent appréhendés et condamnés par le tribunal ecclésiastique à avoir les yeux crevés et à subir la même mutilation qu'Abélard (*Hist. calami.*, cap. VII ; Pat. lat., t. 178, col. 135 A). La lettre de Foulques confirme le fait et nous apprend en outre que Fulbert, qui nia toute participation à cet attentat, fut condamné à la confiscation de ses biens. Abélard paraît avoir trouvé ce châtiment trop léger et avoir voulu réclamer contre lui une révision du procès dans l'espoir d'obtenir une condamnation plus sévère. C'est pour le rappeler à la raison que Foulques lui écrivit ; l'évêque et les chanoines, dit-il à Abélard, ont fait justice du mieux qu'ils ont pu.

2. En marge de ce passage, dans le manuscrit de l'*Historia calamitatum* que possédait Pétrarque, se lit, en grosses lettres, le mot : *solitudo*. Voir Bibl. Nationale, Fonds latins, 2923, f° 9 v°. — Cf. *Hist. calamitatum*, cap. XI, Pat. lat., t. 178, col. 161 A. Pétrarque a compté Abélard parmi les amis de la solitude, dans son *De vita solitaria*, II, 7, 1 ; éd. de Bâle, 1581, t. I, p. 278.

dissant, le modeste oratoire de pisé et de roseaux qu'il s'était
bâti et qu'il avait d'abord dédié à la Sainte Trinité, mais
qu'il aimait nommer, pour les consolations spirituelles qu'il
y avait trouvées, le Paraclet. Toujours vigilants, ses ennemis s'en scandalisèrent ou feignirent de s'en scandaliser ;
les derniers amis qui lui restaient l'abandonnèrent ; bref,
le malheureux vivait dans une crainte telle qu'il ne pouvait
voir un ecclésiastique arriver au Paraclet sans redouter qu'on
ne vînt l'y chercher pour le traîner devant un nouveau
concile et l'y condamner.

Abélard fut sur le point de tomber dans le désespoir ; il
pensait même à s'exiler parmi les païens, dans l'espoir qu'un
hérétique tel que lui serait accueilli favorablement par eux,
comme une recrue probable pour leur religion, lorsqu'il
apprit à l'improviste que les moines de l'abbaye de Saint-
Gildas de Rhuys venaient de l'élire abbé. Cette lointaine
abbaye bretonne, perdue dans un pays dont il nous dit
qu'il ignorait la langue, ne lui semblait valoir guère mieux
qu'un exil chez les barbares ; mais c'était une occasion de
fuir, et il quitta le Paraclet pour tomber dans un monastère peuplé de moines voleurs, et, comme il devait l'apprendre
à ses dépens, assassins s'il le fallait. Aucune vie commune
à Saint-Gildas, chaque moine ne s'occupant que de sa bourse
et de la famille qu'il nourrissait. Il y a quelque chose d'étrange
dans cet appel venu de si loin. On se demande si le bruit de
son aventure n'avait pas désigné Abélard au choix de ces
mauvais religieux comme le genre d'abbé qui leur conviendrait ? Au plus fort des nouvelles luttes qu'il avait à soutenir contre ses moines, Abélard apprit que les religieuses
d'Argenteuil, dont Héloïse était devenue la prieure, venaient
d'être expulsées de leur monastère. L'idée que l'oratoire du
Paraclet était resté à l'abandon n'avait jamais cessé de l'inquiéter depuis son départ, et comme le terrain lui appartenait, ainsi que l'oratoire lui-même et les quelques cabanes

qu'y avaient élevées ses élèves, il décida d'y installer Héloïse, avec celles de ses sœurs qui voudraient l'y accompagner. Il quitta donc Saint-Gildas et se rendit au Paraclet, dont, avec l'approbation de son évêque, il fit donation à la nouvelle communauté. La fondation en fut solennellement confirmée par une bulle d'Innocent II, datée d'Auxerre, le 28 novembre 1131. Bien que cette bulle ne donne encore à Héloïse que le titre de Prieure de l'Oratoire de la Sainte-Trinité, elle devait être, et rester jusqu'à sa mort, la première abbesse du Paraclet.

On ne sait ce que fut leur rencontre après cette longue et douloureuse séparation. Tout ce qu'Abélard nous dit d'Héloïse à cette époque, c'est qu'elle réussit admirablement. Après de durs débuts dans une extrême pauvreté, les secours affluèrent de toutes parts, si bien qu'en un an Héloïse fit plus pour ses filles au Paraclet que lui-même n'eût pu faire en un siècle.

Leur détresse était d'autant plus touchante qu'elles n'étaient que de faibles femmes ; mais surtout, tout le monde aimait Héloïse, *quae caeteris praeerat* ; les évêques la traitaient comme leur fille, les abbés comme une sœur, les laïcs comme une mère. Tous admiraient en elle sa piété, sa prudence et l'incomparable mansuétude avec laquelle elle pouvait tout supporter. Sans cesse occupée à la méditation et à la prière dans le secret de sa cellule, elle ne se laissait que rarement voir, et la rareté de ses entretiens ne les faisait que plus ardemment désirer par ceux du dehors.

Il semble qu'après avoir fait cette donation aux religieuses, Abélard se soit tenu quelque temps à l'écart. Quoi qu'il fît, il avait tort. Car on lui reprocha d'abord de laisser le nouveau couvent dans l'abandon, alors qu'il pouvait l'aider au moins en prêchant. Il se mit donc à y revenir assez fréquemment, et non seulement prêcha aux religieuses, mais prêcha même pour leur obtenir des ressources au dehors.

Nous avons encore un des sermons qu'il prononça dans une
de ces occasions [1] et l'on reconnaîtra sans doute qu'il fallait
quelque courage et une grande humilité chrétienne pour entreprendre une prédication de cette sorte. Comme on pouvait
s'y attendre, il se trouva de bonnes âmes pour s'en scandaliser. On suggéra donc qu'il était moins capable que jamais
de se passer d'Héloïse. Abélard tente d'abord de se consoler
en pensant que saint Jérôme lui-même n'avait pas été à
l'abri de pareilles calomnies ; mais surtout, il s'étonne à bon
droit que lui du moins ne soit pas désormais à l'abri de tels
reproches [2]. Là-dessus il se répand en textes sur l'utilisation
éventuelle des eunuques et finit par déclarer, qu'au fond,
toutes les abbayes de religieuses devaient être placées sous
la conduite, non d'une mère abbesse, mais d'un père abbé.

1. Abélard, *Sermo XXX, De Eleemosyna pro sanctimonialibus de Para-*
clito, Pat. lat., t. 178, col. 564-569. Voir particulièrement col. 568 C-569 B :
« Hoc vero monasterium noviter constructum, nec a divite quodam funda-
tum est, nec possessionibus ditatum. Quod tamen in divinis officiis, et dis-
ciplina regulari, non minori studio perseverare quam caetera Dei gratia novi-
mus. Sed novella ejus atque adhuc tenera plantatio, vestris, ut crescat, co-
lenda est eleemosynis. » L'orateur nomme son auditoire « fratres » (564 A) ;
on n'en peut donc rien conclure sur sa composition.
2. On peut se faire une idée de ce que furent ces calomnies en lisant l'ignoble
lettre où Roscelin accuse Abélard de dédommager son ancienne maîtresse
avec l'argent qu'il gagnait au Paraclet : « plus utique remunerando stuprum
praeteritum peccans, quam emendo futurum, et qua prius cum voluptate
abutebaris, adhuc ex voluntate abuteris, sed Dei gratia ex necessitate non
praevales... Teste Deo et electis angelis loquor, quia commonachos tuos per-
hibentes audivi, quia, cum sero ad monesterium redis, undecumque congre-
gatam pecuniam de pretio falsitatis quam doces, calcato pudore ad meretricem transvolans deportas, sruprumque praeteritum umpudenter remu-
neras. » (Pat. lat., t. 178, col. 370 D.) — « Ad hujus imperfecti hominis igno-
miniae cumulum vero pertinet, quod in sigillo, quo fetidas illas litteras sigil-
lasti, imaginem dua capita habentem, unum viri, alterum mulieris, ipse for-
masti. Unde quis dubitet, quanto adhuc in eam ardeat amore qui tali eam
capitum conjunctione non erubuit honorare » (372 A). Cette lettre donne
le ton des calomnies dont Abélard peut avoir été victime lorsqu'il s'attarda
près d'Héloïse lors de son retour au Paraclet.

On voit aisément où il veut en venir ; mais ici, pour la première fois, je demande la permission de dire un mot en faveur d'Abélard, car on citerait aisément vingt moments plus tragiques dans sa douloureuse carrière, mais je ne suis pas sûr que l'on puisse en trouver un qui soit plus profondément émouvant. Qui sait si, murée dans sa douleur et en proie à la passion qui la dévorait encore, Héloïse elle-même l'a compris ?

Car enfin, cette tendresse dont Héloïse va bientôt lui reprocher si cruellement de manquer, comment ce malheureux pouvait-il mieux la lui prouver qu'en faisant ce qu'il venait de faire ? Il n'a plus rien au monde que le misérable coin de terre qu'un bienfaiteur lui a donné, et ce pauvre oratoire, et ces quelques cabanes que des disciples ont bâties pour lui. Dès qu'il sait Héloïse errante et sans abri, il accourt du fond de la Bretagne, et ce peu qu'il avait, il le lui donne, en propriété absolue et d'une donation irrévocable, geste dont on ose à peine suggérer quelle richesse de sentiments, les plus beaux et cette fois les plus purs, il recèle. Car on voit s'y confondre l'amour du prêtre pour son église qu'il souffrait de savoir déserte et qu'il peut enfin rendre au culte ; la charité de l'abbé bénédictin pour la prieure errante, qu'il recueille avec ses filles et qu'il établit dans une fondation nouvelle ; mais on y voit encore autre chose, et pourquoi ne pas le dire ? D'autres prêtres qu'Abélard eussent pu s'inquiéter de cet oratoire déserté ; d'autres abbés que celui de Saint-Gildas pouvaient chercher asile pour cette prieure et ces religieuses sans abri ; celui qui l'a fait pour Héloïse, c'est Abélard, parce qu'il était l'époux et qu'elle était l'épouse. Errant, chassé lui-même de tous les lieux qu'il traversait, Abélard a fait un instant le rêve de finir sa vie au Paraclet, près de celle dont il avait ruiné la vie et qui se reprochait elle-même chaque jour comme un crime d'avoir causé sa perte. Il serait resté là près d'elle, comme un ami discret, comme un prêtre et comme un père, l'admirant de toute son âme et l'aidant de sa science dans les hautes fonctions dont elle venait d'être investie. Épuisé par tant de persécutions subies de la part de ses frères et de ses fils, Abélard avait cru trouver enfin près de ses filles, « après les agitations de cette tempête, une sorte de port, et quelque tranquillité [1] ».

Mais voici qu'à peine arrivé, la calomnie le chassait de nouveau. Que pouvait-il faire, sinon, lui l'abbé, retourner vers les fils révoltés auxquels le liait pourtant son devoir ? Il repartit donc, sans que nous sachions comment, mais pour des raisons dont nous verrons que, bien qu'elle ne les ait jamais acceptées, Héloïse les avait du moins connues. C'est de Saint-Gildas, la plus récente, mais non pas la dernière ni la pire des calamités qu'il devait encore subir, qu'il écrivit l'*Historia calamitatum*, afin de consoler par le récit de ses épreuves un ami qui se plaignait des siennes. Cette longue et douloureuse plainte tomba par hasard sous les yeux d'Héloïse et c'est à cette circonstance fortuite que nous devons la première lettre d'Héloïse qui nous ait été conservée.

---

1. ABÉLARD, *Hist. calamit.*, cap. xv ; Pat. lat., t. 178, col. 179 A.

Chapitre IV

LA MORALE DE L'AMOUR PUR

Si l'on fait confiance aux lettres d'Héloïse telles qu'elles nous sont parvenues, il devient possible de juger la situation, non plus seulement du point de vue d'Abélard, mais du sien. Car Abélard avait des raisons personnelles de vouloir un mariage secret, mais Héloïse, dont la logique sentimentale l'emportait de beaucoup sur celle d'Abélard, avait des raisons personnelles de refuser purement et simplement tout mariage. La décision de l'épouser lui semblait inutile, car Héloïse n'a jamais cru que l'on pourrait ainsi calmer Fulbert ; dangereuse, car elle redoutait pour tous deux les suites de l'équivoque où ils allaient s'engager ; déshonorante pour Abélard, au nom des principes que nous l'avons vue invoquer, mais non moins déshonorante pour elle, parce qu'en épousant Abélard, même à l'insu du monde, elle commettait une faute qu'elle-même du moins ne pouvait ignorer. Or de même qu'elle veut pour Abélard la vraie grandeur, non son apparence, c'est sa propre grandeur vis-à-vis d'elle-même qui intéresse surtout Héloïse. A partir du moment où elle sera devenue sa femme, Héloïse ne pourra plus jamais être sûre de ne pas s'être rendue complice de la déchéance d'Abélard dans une vue de satisfaction personnelle et d'intérêt. Voilà, en résumé, le drame personnel d'Héloïse, dont on peut encore suivre les péripéties dans celles de ses lettres qui nous ont été conservées.

Pour ne pas se perdre dans la psychologie d'Héloïse, telle du moins que les documents permettent de la comprendre, il faut savoir que sa passion et celle d'Abélard avaient suivi des évolutions assez différentes. Au début, on ne trouve chez Abélard qu'un froid calcul au service d'une sensualité déchaînée ; puis on le voit entraîné par une passion violente, pour laquelle il accepte de se dégrader à ses propres yeux et, puisqu'il le faut pour sauver sa réputation, de fonder toute sa vie sur le mensonge. Du côté d'Héloïse, au contraire, après une reddition totale qui semble s'être faite sans lutte, paraissent des hésitations et des scrupules dont la réalité ne saurait être mise en doute, puisque la délicatesse d'Héloïse a su les taire et que c'est aux remords tardifs d'Abélard lui-même que nous devons d'en être informés : « Tu sais à quelles turpitudes ma passion effrénée avait voué nos corps. Ni le respect de la décence ni celui de Dieu, même dans les jours de la Passion du Seigneur ou des solennités les plus grandes, ne me retenaient de me rouler dans cette fange. Parfois toi-même ne voulais pas, tu résistais de toutes tes forces et tentais de me dissuader ; mais tu étais naturellement la plus faible, et j'ai souvent arraché ton consentement par des menaces et par des coups. Je tenais à toi par un désir si ardent, que je faisais passer ces misérables voluptés, que nous ne saurions nommer sans honte, avant Dieu comme avant moi [1]. »

Cette confession tardive d'Abélard est pour nous d'une importance capitale, non seulement parce qu'elle atteste cette violence dans la passion qui peut seule expliquer l'insigne folie de son mariage secret, mais aussi, et surtout, parce qu'elle met en évidence tout un aspect d'Héloïse que, sans ce texte unique, rien ne permettrait de deviner. Jamais, jusqu'au jour de sa mutilation, Abélard ne s'est laissé rete-

---

1. ABÉLARD, *Epist.* V ; Pat. lat., t. 178, col. 206 CD.

nir par aucun scrupule d'aucune sorte. Ne l'accablons pas, puisque c'est lui qui s'en confesse ; mais comment ne pas opposer à ce déchaînement de sensualité brutale, et brutale au point de recourir à la violence pour s'assouvir, les scrupules et les hésitations d'Héloïse ? Lorsqu'on les connaît, toute une série d'autres textes s'éclaire d'une vive lumière et ouvre de nouveaux aperçus sur l'état d'âme des acteurs de ce drame douloureux.

S'il est vrai, comme on l'a vu, qu'Abélard et Héloïse aient tous deux admis que la grandeur d'un philosophe, et d'un clerc, est liée à sa continence, et bien qu'ils l'aient admis pour les mêmes raisons, ils n'en ont pas tiré les mêmes conséquences. Abélard déduisait de ce principe qu'il lui fallait cacher son mariage ; Héloïse en concluait qu'il ne devait pas se marier. Abélard n'agissait que par vanité et ne songeait qu'à sa réputation ; mais Héloïse pensait à la grandeur d'Abélard et ne voulait que sa gloire ; la parfaite droiture d'Héloïse exigeait donc non seulement qu'elle refusât le mariage, mais qu'elle offrît une complète et définitive séparation. En fait, nulle autre solution n'était moralement acceptable, étant donné la nature du problème et les termes mêmes dans lesquels les deux amants l'avaient posé. Qu'il fût public ou secret, le mariage d'Abélard le dégradait à ses propres yeux comme à ceux d'Héloïse. Or tandis qu'Abélard était prêt à sacrifier réellement son honneur de clerc et de philosophe, pourvu que sa vanité en perpétuât le simulacre, Héloïse était prête à sacrifier jusqu'aux joies de la passion dès lors que la gloire véritable d'Abélard l'exigeait. Il ne lui suffisait pas qu'Abélard eût l'air grand, elle voulait qu'il le fût ; elle le voulait pour lui, et pour elle, car sa propre grandeur tenait à celle de l'homme qu'elle aimait et qui ne pouvait que se diminuer en l'épousant. De là les arguments directs dont elle use et les conclusions sans réserves qu'elle en tire. En se mariant, Abélard consacre définitivement une déchéance qui pouvait autrement n'être que passagère ; sans doute, une fois justifiée par le mariage, leur passion deviendrait moralement et religieusement légitime, mais jugée des hauteurs de l'idéal du clerc ou du philosophe, leur vie n'en demeurerait pas moins déshonorée, la seule différence étant qu'elle le serait devenue irrévocablement.

Ce qui se cache au fond des objections d'Héloïse contre tout projet de mariage, c'est donc d'abord ce sens de la gloire vraie d'Abélard, qui lui avait souvent inspiré le courage de se refuser à celui qu'elle aimait, et qui lui donnait enfin la force de proposer une séparation définitive. Elle ne peut être ni la maîtresse ni la femme d'un tel homme, parce qu'elle l'aime. Ce n'est certes pas du mariage seul qu'elle espère détourner son amant, lorsque Héloïse lui rappelle que les grands philosophes se sont interdit toutes les voluptés, pour ne connaître d'autres étreintes que celles de la seule philosophie : *omnes sibi voluptates interdixerunt, ut in unius philosophiae requiescerent amplexibus* [1]. Loin d'accueillir le mariage comme une réparation de la faute qu'ils ont commise contre la morale, Héloïse le repousse avec horreur comme la consécration définitive de celle qu'ils ont commise contre l'idéal du clerc et du philosophe. Tant qu'ils ne sont pas mariés, Abélard peut se ressaisir et retrouver sa grandeur perdue, parce que leur séparation reste possible. Mariée à Abélard, qui ne l'épouse que par passion charnelle, Héloïse ne pourra même plus le protéger contre lui-même, puisqu'elle aura perdu jusqu'au droit de se refuser à lui. La pensée de la déchéance qui menace l'homme dont elle aime la grandeur, et que la passion même qu'elle lui inspire mène à sa ruine, permet seule de donner son sens plein au dernier argument d'Héloïse qu'Abélard nous ait rapporté : « Si donc des laïcs et des païens ont ainsi vécu, sans y être

---

1. Héloïse *in* ABÉLARD, *Hist. calam.*, cap. VII ; t. 178, col. 131 B.

astreints par aucune profession religieuse, que n'as-tu pas le devoir de faire, toi qui es clerc et chanoine, pour ne pas préférer au service divin des voluptés honteuses, pour ne pas te perdre en te précipitant dans ce gouffre de Charybde, pour ne pas t'enfoncer irrévocablement, au mépris de toute honte, dans de telles obscénités [1] ? ». On ne peut s'y tromper : *ne obscenitatibus istis te impudenter atque irrevocabiliter immergas,* ces obscénités sont bien celles qui sont inséparables de la vie conjugale, et un mariage régulier, sans les rendre légitimes pour un clerc et un philosophe de la grandeur d'Abélard, ne ferait que les rendre irrévocables en les consacrant.

Il était nécessaire d'insister sur ce point, parce que lui seul permet de comprendre l'étrange situation dans laquelle se trouva Héloïse, lorsqu'il apparut que rien ne dissuaderait jamais Abélard de l'épouser. Elle se vit alors déchirée entre deux morales contradictoires, celle du vulgaire dont Abélard semblait prêt à se satisfaire, et celle des héros de la vie spirituelle à laquelle il était de son devoir de ne pas le laisser renoncer, mais plutôt, si possible, de le ramener. Abélard était sur le point d'accepter sa propre déchéance, mais Héloïse ne pouvait l'accepter ni pour elle-même, ni pour lui. Puisque Abélard ne pouvait plus se passer d'Héloïse, accepter le mariage comme un « remède à l'incontinence » eût été un devoir strict, s'il se fût agi de tout autre homme qu'un philosophe et un clerc tel que lui. D'un tel homme, au contraire, un amour comme celui d'Héloïse devait exiger la morale des héros, la seule qui fût digne de lui et qui pût le garder digne d'elle. Puisque Abélard n'était pas encore capable de s'astreindre à la continence, il fallait du moins éviter un engagement qui le priverait à jamais de la liberté d'y revenir. En somme, que voulait Abélard ? C'était Héloïse, non le

1. *Op. cit.*, col. 132 B.

mariage. Puisqu'il ne pouvait se passer d'elle, Héloïse allait
lui céder, mais, en lui cédant, elle voulait retarder autant
que possible sa déchéance finale dans l'espoir de l'éviter.
Ainsi, par un sophisme complémentaire de celui d'Abélard,
tandis qu'il espérait d'un mariage secret l'assouvissement de
sa passion et un simulacre de gloire, Héloïse refusait le mariage pour sauver la substance même de cette gloire, mais
offrait en échange la fornication. Il ne nous appartient pas
de peser les responsabilités morales dans une crise aussi profonde. Disons du moins qu'incapable de se maintenir réellement au niveau des Docteurs et des sages dont le souvenir
le hantait, Abélard eût dû accepter publiquement lui-même,
au lieu d'exiger un secret qui fondait sa vie sur le mensonge ;
mais Héloïse, éperdue d'amour pour le héros dont la grandeur faisait la sienne, ne l'aidait certes pas à s'accepter lui-
même en offrant de fonder sa gloire sur les ruines de la morale. On hésite à dire de pareilles choses, mais la passion
pour la grandeur spirituelle qui fait le ressort secret de toute
leur histoire, semble n'avoir jamais été tout à fait pure.
C'était à la grandeur de Dieu, non à la leur, qu'ils eussent
dû penser pour atteindre la grandeur véritable ; mais Abélard ni Héloïse ne s'oublient jamais, et c'est ce qui, sur le
plan de la vie spirituelle, les engage de plus en plus profondément dans la fausseté. Abélard dissimule son mariage
pour qu'on le croie encore un Sénèque ou un saint Jérôme ;
Héloïse offre le concubinage pour lui permettre de le redevenir ; le tragique de la scène est dans la sincérité parfaite
avec laquelle l'un et l'autre se jouent la comédie de la sainteté.

   Une fois installée dans son rôle. Héloïse était femme à le
jouer jusqu'au bout, et à la perfection. Non seulement, parlant cette fois en son nom [1] et non plus au nom de saint

---

1. O. Gréard traduit ainsi *ipsa*, et, semble-t-il, avec beaucoup de justesse :
trad. cit., p. 18.

Jérôme, elle déclare que le titre d'amante lui serait plus cher et plus honorable que celui d'épouse, car elle ne voulait que se le conserver par la tendresse, non l'entraver par la force du lien conjugal, mais puisqu'il était clair qu'Abélard ne l'épouserait que par sensualité, elle allait jusqu'à lui faire observer que, de ce point de vue, tous les avantages étaient du côté de la fornication : « si nous nous séparons pour un temps, les joies que nous éprouverons en nous retrouvant seront d'autant plus agréables, qu'elles seront plus rares ». Avec une logique inflexible, Héloïse faisait appel à ce qu'il y avait de plus bas en Abélard pour le sauver d'un mariage où sa grandeur devait sombrer.

On s'étonnerait à bon droit du sans-gêne avec lequel Abélard divulgue ici les secrets les plus intimes d'Héloïse, si l'on n'était sûr d'ailleurs qu'elle et lui ne voyaient rien que de juste et même de grand en une telle attitude. En fait, bien loin de désavouer ce texte ou de reprocher à Abélard d'en avoir trop dit, Héloïse lui reprochera plus tard de s'être montré trop discret sur ce point. C'est que, on s'en doute bien, il y allait cette fois de sa propre gloire, à laquelle elle tenait tout autant qu'à celle d'Abélard, parce que c'était la même : la gloire du couple, leur seul désaccord portant ici sur la manière de la servir. Au vague « pour ces raisons et d'autres semblables » d'Abélard [2], Héloïse va donc substituer les précisions nécessaires pour écarter toute incertitude sur la nature vraie de ses propres intentions.

Ce qui, dans l'esprit d'Héloïse, justifie ses révélations, c'est que si Abélard a fidèlement rapporté les motifs qu'elle avait de le dissuader du mariage, il a au contraire presque complètement passé sous silence les raisons qu'elle avait de préférer au mariage l'amour libre [3]. Rien ne montre mieux

1. Héloïse dans ABÉLARD, *Hist., calamit.*, cap. VII ; Pat. lat., t. 178, col. 132 D.
2. ABÉLARD, *Hist. calamit.*, cap. VII ; Pat. lat., t. 178, col. 132 D.
3. HÉLOÏSE, *Epist. II* ; Pat. lat., t. 178, col. 185 A.

à quel point les deux problèmes étaient distincts dans sa
pensée. Les raisons de refuser le mariage qu'elle avait empruntées à saint Jérôme ne pouvaient avoir d'autre effet,
si on leur cédait, qu'une complète séparation ; mais puisque
Abélard s'obstinait dans sa folie — *cum meam deflectere non
posset stultitiam* — et qu'elle-même ne pouvait supporter de
l'offenser — *nec me sustineret offendere* [1] — le problème
se reposait sous une forme nouvelle. L'idée d'une séparation une fois exclue par la volonté d'Abélard, il restait
encore à savoir si Héloïse serait à lui en mariage, ou hors
mariage. C'est un aspect du problème auquel Abélard n'avait
pas songé, mais qu'Héloïse se devait de résoudre, beaucoup
moins pour l'honneur d'Abélard que pour le sien.

Qu'Abélard ne désirât le mariage que pour s'assurer d'elle,
Héloïse ne pouvait avoir aucun doute à ce sujet. D'autre
part, telles qu'elle-même en prévoyait les suites, ce projet
de mariage lui semblait menacer, peut-être leurs vies, certainement la gloire d'Abélard. Du point de vue d'Héloïse,
non seulement Abélard n'avait rien à gagner à la réalisation
de ce projet, mais elle-même avait beaucoup à y perdre.
Qui donc, dans l'opinion publique, semblerait avoir profité
de ce mariage ? Fulbert, peut-être, mais surtout Héloïse, et
c'est justement là ce qu'elle voulait éviter à tout prix. D'abord
parce que c'était faux ; sachant, comme elle le lui avait
fermement rappelé, que la grandeur d'Abélard exigeait le
célibat, elle était prête elle-même à ce sacrifice. Abélard s'y
dérobait ; c'était lui qui exigeait ce mariage, et pour lui
seul ; il n'était donc pas juste qu'on l'en rendît elle-même
responsable, alors qu'elle faisait tout pour l'éviter.

Ce n'était pourtant là que la moindre des objections
d'Héloïse, car il s'agissait surtout pour elle de son amour,
c'est-à-dire du tout de sa vie, qui allait être publiquement

---

1. ABÉLARD, *Hist. calamit.*, cap. VII ; Pat. lat., t. 178, col. 132 D.

déshonoré par le projet insensé d'Abélard. Dans la misère morale où elle s'était plongée, Héloïse ne conservait qu'une fierté : celle de cet amour. On conçoit qu'elle pût tenir à la garder intacte et à ne laisser planer nulle équivoque sur le seul sentiment qui lui méritât encore le respect. Précisément, son mariage allait tout compromettre, puisqu'on ne manquerait pas de dire qu'elle s'était laissé séduire par Abélard afin de l'épouser. Ne pouvant empêcher Abélard de s'établir dans une irrévocable déchéance, Héloïse le suppliait du moins de ne pas exiger la sienne. S'il le fallait, elle serait sa maîtresse, mais, qu'on l'en blâme ou qu'on l'en loue, nul ne pourrait du moins l'accuser d'avoir vendu ce qu'elle avait voulu donner.

De là le texte justement fameux où l'abbesse du Paraclet, prenant Dieu à témoin, déclare qu'elle eût mieux aimé appartenir à Abélard en amour libre qu'en état de mariage ; que même si Auguste, maître du monde, lui offrait l'honneur de l'épouser et de l'associer pour toujours à l'empire, elle jugerait plus doux et plus digne d'être la maîtresse d'Abélard que l'impératrice d'Auguste [1]. Le fait qu'Héloïse

---

1. Héloïse dit même bien plus ; elle dit : ta prostituée *(meretrix)*. Or ce terme a ici valeur technique, car il a été employé par saint Jérôme ; *Epist. CXXVIII*, P. L., t. 22, col. 1096. — Cf. « Meretrix (est) quae multorum libidini patet ». GRATIEN, *Decretum*, P. I. dist. 34, cap. XVI ; éd. Friedberg, col. 129. — Au contraire : « Concubina autem hic ea intelligitur, quae cessantibus legalibus instrumentis unita est, et conjugali affectu ascistcitur ; hanc conjugem facit affectus, concubinam vero lex nominat. » GRATIEN, *Decretum*, P. I. dist. 34, cap. III ; éd. cit., 126. Gratien cite ensuite le concile de Tolède (I, c. XVII) : « Is, qui non habet uxorem, et pro uxore concubinam habet, a communione non repellatur, tamen ut unius mulieris, aut uxoris aut concubinae (ut et placuerit) sit conjunctione contentus » *(Loc. cit.,* cap. IV ; col. 126). Voir *ibid.,* l'importante note du cap. IV où se trouve rapportée l'opinion de Justinien (nov. 18, c. V) déterminant le cas où le concubinage peut être considéré comme un quasi-mariage, ou un mariage non solennel. Trois conditions étaient requises pour cela : que l'homme et la femme fussent célibataires ; la fidélité mutuelle, « neque a procreatione filiorum abhorrerent » ; le ferme propos de rester ainsi unis jusqu'à la mort : GRATIEN, *Decre-*

ait librement proclamé pareille thèse, alors que le problème
ne pouvait plus se poser pour elle et que sa dignité religieuse l'invitait à n'y plus revenir, prouve assez que ses
sentiments n'avaient ni perdu de leur force, ni changé de
nature à cette époque. Elle parle au présent ; elle s'y croit
encore ; elle le referait si elle avait à le faire et les arguments se pressent nombreux sous la plume de l'abbesse pour
justifier une conduite qu'elle ne se décidera jamais à désavouer.
Il est vrai que tous ces arguments reviennent au même :
« Jamais, Dieu le sait, je n'ai cherché en toi rien d'autre
que toi ; *te pure, non tua, concupiscens.* Ce ne sont pas les
liens du mariage, ni un profit quelconque que j'attendais, et
ce ne sont ni mes volontés, ni mes voluptés, mais, et tu le
sais bien toi-même, les tiennes, que j'ai eu à cœur de satisfaire. Certes, le nom d'épouse semble plus sacré et plus fort,
mais j'ai toujours mieux aimé celui de maîtresse, ou, si tu
me pardonnes de le dire, celui de concubine et de prostituée. Car plus je m'humiliais pour toi, plus j'espérais trouver grâce auprès de toi et, en m'humiliant ainsi, ne ternir
en rien la splendeur de ta gloire [1]. » L'essence même de
cet amour total, ce qui, aux yeux d'Héloïse fait sa véritable grandeur, et la seule chose en somme à laquelle elle
tienne, c'est donc son complet, son absolu désintéressement.
Nihil mihi reservavi, je n'ai rien gardé pour moi, voilà le
fond même de sa vie, et pas une ligne d'Héloïse ne suggère
l'hypothèse qu'elle ait jamais été tentée de le renier.

---

tum, éd. cit., col. 125 note. L'indulgence des contemporains, et même des
autorités ecclésiastiques, à l'égard d'Héloïse, devient un peu moins surprenante, lorsqu'on tient compte de cette distinction. En somme il ne semble
pas exagéré de dire que le concubinage ait été considéré au moyen âge, même
au point de vue religieux, comme moins radicalement différent du mariage
qu'on ne le considérerait aujourd'hui dans les mêmes milieux. C'est pourquoi,
désireuse de pousser sa thèse à l'extrême, Héloïse a voulu aller jusqu'à *meretrix* : voir *Epist. II* ; Pat. lat., t. 178, col 185 A.

1. HÉLOÏSE, *Epist. II* ; Pat. lat., t. 178, col. 184-185.

Ces sentiments surprenants n'appartiennent assurément qu'à Héloïse, mais ils se reliaient dans son esprit à une doctrine définie, qui, sans doute par l'entremise d'Abélard, lui venait de Cicéron. L'enseignement du *De amicitia* sur la nature essentiellement désintéressée de l'amitié avait vivement frappé les bons esprits du xiie siècle. Cicéron les avait convaincus que tout le fruit de l'amour vrai se trouve dans l'amour même : *omnis ejus fructus in ipso amore est* [1]. Cette thèse n'avait pas seulement retenu l'attention de saint Bernard de Clairvaux [2], mais aussi celle d'Abélard, qui cite plusieurs fois Cicéron à ce sujet. A quel point cette doctrine lui semblait importante, on peut le voir par l'usage qu'il en fait dans son *Commentaire sur l'Epître aux Romains* [3], mais aussi par la version poétique qu'il en a donnée dans ses *Monita ad Astralabium*, dont un passage relativement long traite de l'amitié pure dans un esprit tout cicéronien [4]. Il suffit de comparer ce texte au Dialogue de Cicéron pour constater leur filiation. La seule correction notable qu'Abélard apporte à la doctrine de son modèle est l'indulgence qu'il accorde à ceux qui font le mal pour complaire à leur ami ; car il maintient le principe, mais non sans excuser le coupable : « Céder à la prière d'un ami dont la demande est déshonnête, c'est sortir du droit chemin de l'amitié ; pourtant, celui dont les instances y contraignent pêche plus gravement que celui qui, vaincu par ses prières, finit par y consentir ! »

On aimerait être sûr, mais il est au moins probable, qu'Abélard se souvenait d'Héloïse en écrivant ces lignes et qu'il voulait détourner sur lui-même le poids du jugement que

---

1. Cicéron, *De amicitia*, ix, xiv, xxvii.

2. E. Gilson, *La théologie mystique de saint Bernard*, Paris, J. Vrin, 1934 ; p. 20-24.

3. Abélard, *Expositio in Epist. Pauli ad Romanos*, lib. III ; Pat. lat., t. 178, col 891 A-893 C. Voir sur ce texte : *La théologie mystique de saint Bernard*, Appendice II : Abélard, p. 183-189.

4. Abélard, *Monita ad Astralabium* ; Pat. lat., t. 178, col. 1762 AD.

leur fils pourrait un jour porter sur eux. Quoi qu'il en soit
de ce point, le fait subsiste que la révolte d'Héloïse contre
le mariage, en tant qu'elle naît d'une exigence absolue d'amour
pur, relève du *De amicitia* dont elle acceptait sur ce point
la doctrine. D'Héloïse ou d'Abélard, lequel a gagné l'autre
à ses principes ? Il est sans doute vain de se le demander.
C'est la morale du couple ; celle dont Abélard a peut-être
instruit Héloïse mais qu'Héloïse seule, et elle le reprochera
à Abélard, a su réellement pratiquer.

Une fois engagée dans cette voie, Héloïse se trouvait lancée sur la piste sans fin d'une casuistique sentimentale, où
toutes les valeurs reçues allaient subir une transformation
radicale. Sourd à ses objurgations, Abélard avait continué
d'exiger le mariage et sa volonté s'était enfin imposée à
Héloïse. Pour elle, cette décision signifiait leur perte, puisque
Abélard y perdait sa gloire comme elle-même y perdait la
sienne, lui en s'excluant de l'état de continence, elle en se
prêtant à l'en exclure et en donnant l'apparence d'un froid
calcul à l'amour le plus purement désintéressé. En épousant
Abélard, Héloïse venait de commettre un crime, le seul, à
vrai dire, qu'elle ne se soit jamais pardonné.

Car il ne faut pas s'y tromper, jamais Héloïse ne s'est
complètement condamnée pour avoir été la maîtresse d'Abélard. Sans doute, elle savait, comme tout le monde et mieux
que beaucoup, que la fornication est une faute grave ; elle
a donc fait de son mieux pour s'en repentir, mais comment
se fût-elle vraiment repentie de fautes que, nous le verrons,
elle ne cessera pas de désirer ? Ce dont, par contre, elle n'a
jamais cessé de s'accuser et de se repentir, c'est d'avoir
épousé Abélard. En consentant à ce mariage, elle avait péché contre sa gloire et accepté la situation fausse qui devait
précipiter la vengeance de Fulbert ; bref, elle s'était rendue
responsable du malheur de celui qu'elle aimait. S'il est un
problème moral qu'Héloïse se soit posé et qu'elle ait retourné

sous toutes ses faces, c'est bien celui-là : son crime contre
Abélard, non son crime contre Dieu. De ses réflexions sur
ce thème allaient naître les sentiments de révolte qui déci-
deront plus tard Abélard à la rappeler au respect de son
nouvel état.

Chaque fois qu'Héloïse revenait à cet angoissant problème,
deux jugements sur ce qu'elle avait fait se heurtaient dans
sa pensée : elle était coupable, mais elle était innocente.
Coupable d'avoir contribué à la ruine d'Abélard, elle pouvait se rendre du moins cette justice, qu'elle n'avait jamais
voulu que son bien : si elle lui avait grandement nui, c'était
avec une grande innocence, *et plurimum nocens, plurimum,
ut nosti, sum innocens* [1].

Prise entre ces deux certitudes contradictoires, Héloïse
devait naturellement chercher à se rassurer sur sa propre
innocence, et elle le fit en combinant deux notions fondamentales qu'elle devait probablement toutes deux à Abélard.
En tout cas, elles font partie de la morale et de la théologie
du couple. L'une, que nous connaissons déjà, est la doctrine
de l'amour pur ; l'autre est la morale de l'intention, qu'Abélard a systématiquement développée dans le *Scito te ipsum* ;
leur synthèse et son application à son propre cas est l'œuvre
d'Héloïse même. Si son amour est pur de tout intérêt, en
ce qu'il ne cherche qu'en soi-même sa propre récompense,
il est justifié comme par définition, et puisque c'est l'intention seule qui détermine la valeur morale de l'acte, tout
acte, même coupable en soi, s'il est dicté par un sentiment
d'amour pur, se trouvera par là même innocent.

Cette doctrine un peu surprenante suppose qu'un acte
puisse être à la fois coupable et légitime ; mais c'est précisément ce dont Héloïse avait besoin pour se comprendre
comme étant à la fois *nocens et innocens*. Or la théologie

---

1. Héloïse, *Epist. II* ; Pat. lat., t. 178, col. 186 A.

d'Abélard lui fournissait tous les arguments requis pour justifier son attitude. D'après le *Scito te ipsum*, la qualité bonne ou mauvaise de l'acte réside entièrement dans l'intention qui l'anime. Abélard pousse si loin cette thèse que, selon lui, l'accomplissement du péché ne le rend en rien plus coupable ou plus condamnable aux yeux de Dieu[1]. Pécher est une chose, accomplir le péché en est une autre, et la première peut être entière sans la seconde[2]; une bonne intention est une chose, un acte bon en est une autre; et puisqu'il s'agit là de deux biens radicalement distincts, dont chacun se suffit à soi-même, il est impossible de les additionner : l'acte bon n'ajoute donc rien à la bonne intention[3]. Cette séparation complète des intentions et des actes rendait possible, et même inévitable, l'apparition de cas mixtes, où la qualité morale de l'acte fût contraire à celle de l'intention. Les bourreaux qui persécutèrent les martyrs ou crucifièrent le Christ n'ont pas péché en le faisant s'ils jugeaient qu'il fût de leur devoir de le faire[4]. On peut donc commettre un acte matériellement coupable dans une bonne intention ou un acte matériellement coupable dans une intention mauvaise; peu importe d'ailleurs, puisque aux yeux de Dieu l'intention seule compte[5] et que l'acte lui-même n'est pas pris en considération dans son jugement[6]. L'acte compterait pour Dieu si quelque chose pouvait lui nuire; si l'intention seule compte, c'est qu'on ne peut pas nuire à Dieu, on ne peut que le mépriser[7].

1. Abélard, *Scito te ipsum*, cap. iii ; Pat. lat., t. 178, col. 640 B.
2. *Loc. cit.*, col. 645 C.
3. *Op. cit.*, cap. x, ; Pat. lat., t. 178, col. 652.
4. *Op. cit.*, cap. xiii ; Pat. lat., t. 178, col. 653.
5. *Op. cit.*, cap. iii ; Pat. lat., t. 178, col. 644 A.
6. *Loc. cit.*, col. 638 C.
7. Cette doctrine est née, dans l'esprit d'Abélard, d'une interprétation purement dialectique, et par conséquent totalement dépourvue des tempéraments nécessaires, d'un certain nombre de textes de saint Augustin. Voici

Cette doctrine d'Abélard forme l'armature du système d'auto-justification imaginé par Héloïse. Elle rappelle d'abord que ce qui importe en ces matières, ce n'est pas ce que l'on fait mais la disposition intérieure dans laquelle on le fait : *Non enim rei effectus, sed efficientis affectus in crimine est ; nec quae fiunt, sed quo animo fiunt, aequitas pensat.* C'est pourquoi nous la voyons ensuite s'acharner, sans la moindre pitié cette fois pour Abélard, à lui démontrer, pour s'en convaincre elle-même, la parfaite pureté de son amour pour lui. C'est que, désormais, toute sa vie lui apparaîtra comme rachetée ou condamnée selon qu'elle aura réussi ou non à établir ce point. Héloïse ne prendra personne d'autre à témoin de sa sincérité qu'Abélard lui-même, car il peut seul attester des sentiments dont il a seul été l'objet[1]. Le juge qui sonde les reins et les cœurs était Dieu pour Abélard ; pour Héloïse, on le voit, c'est Abélard qui va jouer ce rôle, mais le juge lui-même va se trouver mis en accusation.

Pour justifier la pureté de son amour, c'est-à-dire son parfait désintéressement, Héloïse s'est en effet laissé entraîner à le décrire par contraste avec celui d'Abélard. A ce moment, elle était indignée contre lui parce qu'il l'abandonnait à elle-même, et jalouse de ce que, ne lui écrivant jamais, il avait écrit pour un autre l'histoire de ses malheurs. Or

les principaux : « Non ergo quid quisque faciat, sed quo animo faciat, considerandum est. » S. Augustin, *De Sermone Domini in Monte*, lib. II, cap. xiii, n. 46 ; Pat. lat., t. 34, col. 1289. — Cf. « Nam ut noveritis ex animo quemque pensandum ad retributionem vel praemii vel poenae... ». *Enarr. in Ps.* 40, n. 9 ; Pat. lat., t. 35, col. 460. — Héloïse a d'ailleurs expressément renvoyé, comme à la source à laquelle elle puise cette doctrine, à S. Augustin, *De bono conjugali*, cap. xxi, 25-26 ; Pat. lat., t. 40, col. 390-391. (Cf. Héloïse, *Epist. VI*, Pat. lat., t. 178 col. 222 B-D.) — « Bonum enim opus intentio facit, intentionem fides dirigit. Non valde attendas quid homo faciat, sed quid cum facit aspiciat, quo lacertos optimae gubernationis dirigat. » *Enarr. in Ps.* 31, 4 ; t. 36, col. 259.

1. Héloïse, *Epist. II* ; Pat. lat., t. 178, col. 186 AB.

elle l'aimait autant et plus que jamais. Bien qu'ils fussent séparés l'un de l'autre par le malheur, le cœur de l'abbesse du Paraclet était resté le même que celui de l'amante d'Abélard ; rien en elle n'avait changé. Expérience décisive pour elle, ou du moins qu'elle juge telle, non sans quelque naïveté. Du fait qu'elle n'aime pas moins Abélard qu'autrefois, et qu'elle l'aime encore de la même manière, à présent qu'elle ne peut plus rien attendre de lui ni comme maîtresse ni comme femme, Héloïse conclut qu'au temps même ou elle était sa maîtresse, puis sa femme, elle l'aimait déjà sans rien attendre de lui.

C'est un point sur lequel on ne peut se dispenser d'être aussi précis qu'elle-même, car il est admirable qu'elle ait senti la nécessité de pousser jusque-là pour prouver sa thèse. Supposer un seul instant qu'Héloïse ait pu chercher autrefois son plaisir dans l'amour d'Abélard, ce serait dire qu'elle ne l'aimait pas d'amour pur et ruiner la base même de sa justification. Redisons donc avec elle : « ce ne sont pas mes plaisirs que j'ai cherchés, mais les tiens » [1]. Aussi bien, nous en avons la preuve, puisque ces voluptés lui sont à jamais interdites et que pourtant elle aime toujours autant Abélard. Lui, au contraire, ne l'aime plus depuis qu'il n'a plus de plaisirs à attendre d'elle. On voit donc qu'il ne l'a jamais aimée. Ce qui l'attachait à Héloïse, c'était la concupiscence, non l'*amicitia* telle que Cicéron l'a décrite, c'est-à-dire cette tendresse désintéressée qui n'attend de soi rien d'autre que soi-même : « La concupiscence te liait à moi plutôt que l'amitié ; l'ardeur du désir plutôt que l'amour ». Dès que ce qu'Abélard désirait d'elle a cessé d'être possible, tous les sentiments qu'il prétendait éprouver se sont pareillement évanouis. Et avec une dureté à laquelle elle ne nous a pas

---

1. « Non meas voluptates sed tuas adimplere studui », HÉLOÏSE, *loc. cit.*, col. 184 D. Voir le texte complet plus haut, p. 76.

accoutumés, Héloïse conclut ainsi son réquisitoire : « Cette supposition, mon bien-aimé, n'est pas la mienne, c'est celle de tout le monde ; elle ne m'est pas particulière, mais tous la font ; ce n'est pas une opinion privée, c'est une opinion publique. Je voudrais bien être seule à penser ainsi ; car s'il s'en trouvait quelques-uns pour justifier ton amour, ils apporteraient quelque apaisement à ma douleur. Si je pouvais au moins feindre quelques motifs pour t'excuser, il me serait plus facile de me dissimuler tant bien que mal mon avilissement [1]. » Amertume explicable s'il en fut, car enfin, si Héloïse s'est trompée sur Abélard, quelle consolation lui reste-t-il dans son sacrifice ? Mais aussi reproches qui ne vont pas sans injustice, car nous verrons qu'Abélard n'avait pas complètement délaissé Héloïse ; ni sans naïveté, car après la mutilation d'Abélard les deux situations n'étaient plus aisément comparables, la sensibilité d'Héloïse disposant encore de secours dont celle d'Abélard était désormais privée.

Quoi qu'il en soit de ce point, l'essentiel est pour nous qu'Héloïse ait cru pouvoir se rendre ce témoignage, car c'est sur la certitude intime qu'elle avait du total désintéressement, même sensuel, de son amour, que repose tout l'édifice de son auto-justification. Qu'on la trouve admirable ou choquante, l'insistance avec laquelle l'abbesse du Paraclet nous rappelle qu'elle était prête à subir toutes les hontes plutôt que d'épouser Abélard ne s'expliquerait pas autrement. Nulle intention chez elle, à cette date, de s'insurger contre les lois morales et religieuses ; elle sait fort bien qu'elle les eût violées en agissant ainsi, et qu'une telle violation eût été gravement coupable. Mais la question pour elle n'est pas là. En épousant Abélard, elle est devenue la cause du crime que l'on a commis contre lui. Par elle, une fois de plus, se vérifie la vieille loi que la femme est la perte de l'homme.

1. Héloïse, *Epist. II* ; Pat. lat., t. 178, col. 186 BC. Cf. col. 188 A.

Eve fait chasser Adam du paradis terrestre ; Dalila livre Samson à ses ennemis et le conduit à s'ensevelir, privé de la vue, sous les ruines du Temple ; des femmes encore affolent le grand roi Salomon et le font sacrifier à Astarté ; c'est la femme de Job qui, dans ses malheurs, l'incite au blasphème et c'est contre elle qu'il doit soutenir son plus rude combat. Le démon sait bien, de longue expérience, que la femme est toujours pour l'homme une cause de chute toute prête, et c'est pourquoi, tendant pour lui le piège d'Héloïse, il a réussi à perdre enfin par le mariage cet Abélard qu'il n'avait pas réussi à perdre par la fornication.

De ce complot diabolique, Héloïse s'est rendue complice en consentant au mariage, cause de la catastrophe. Elle est donc, en un sens, coupable. Ou plutôt, elle l'avait été avant lorsque cédant aux attraits de la chair elle vivait dans un état continu de péché. Ces fautes antérieures sont celles qui ont conduit Abélard à exiger qu'elle l'épousât, et c'est sans doute à cause d'elles, en punition de ces erreurs premières, qu'elle s'est vue condamnée à consentir au mariage. Pourtant, et c'est la certitude intime à laquelle Héloïse s'attache passionnément, si elle a dû subir ce mariage, elle ne l'a jamais accepté. Voilà pourquoi, avec une obstination farouche, elle répète à douze ou quinze ans de distance qu'elle était prête à se prostituer à lui, s'il l'eût absolument fallu pour détourner Abélard de ce projet insensé. Comme tant d'autres femmes avant elle, elle était devenue pour celui qu'elle aimait l'instrument de sa ruine ; elle avait donc commis un crime, mais jamais elle n'y avait consenti. Et c'est aussi pourquoi, en fin de compte, Héloïse est innocente. Quand Dalila perdit Samson, elle voulait le perdre ; mais alors que le subtil tentateur des hommes, usant d'elle pour perdre Abélard, contraignait Héloïse au mariage qui le perdait, il avait bien pu lui faire commettre cette faute, il avait échoué à l'y faire consentir : *me ille ut supra positas feminas in cul-*

pam ex consensu non traxit [1]. Or, nous le savons, c'est le consentement seul qui fait la faute, l'accomplissement de l'acte ne changeant rien à la nature de l'intention qui l'a dicté. Héloïse est donc innocente du crime qu'elle a commis ; ce qu'il fallait démontrer.

On retrouve une fois de plus à l'œuvre la théologie du couple. Par l'usage qu'elle en fait, Héloïse inaugure la lignée de tant d'héroïnes romantiques, que la fatalité condamne à faire le mal par amour — *quam tamen in causam commissae malitiae ex affectu convertit* — mais que la pureté même de leur amour disciple du mal qu'elles font ; ou qu'elle entraîne à commettre des crimes, mais des crimes dont elles restent innocentes dans le temps même qu'elles les commettent, et tout cela au nom d'une morale qui sépare l'ordre des actes de l'ordre des intentions. Comment serais-je coupable, répétera à satiété J. J. Rousseau, puisque ma conscience ne me reproche rien ? Ce n'est sans doute pas par hasard que sa Julie d'Etanges fut pour lui une nouvelle Héloïse. Ce qui est vraiment surprenant, c'est plutôt que, substituant déjà la psychologie à la morale, l'ancienne Héloïse ait dépassé de si loin la nouvelle dans la voie même où elle l'invitait à s'engager. Car ce que Julie d'Etanges a passé sa vie à pleurer et expier, c'est son crime contre la morale ; ce qu'Héloïse expie et pleure, ce ne sont pas les crimes qu'elle a commis contre la morale, c'est celui qu'elle a commis, mais dont elle est innocente, contre Abélard.

---

1. Héloïse, *Epist. IV* ; Pat. lat., t. 178, col. 196 A.

Chapitre V

LA CONVERSION D'ABÉLARD

Pendant qu'Héloïse menait le dur combat que ses lettres décrivent, Abélard menait le sien, avec un héroïsme égal, mais dans un esprit tout différent. La raison de son entrée en religion est assez claire, et rien ne permet de supposer qu'il se fût jamais fait moine sans le malheur qui l'avait couvert de honte aux yeux de tous. Notons pourtant qu'à la différence d'Héloïse, Abélard n'a jamais dit qu'aucune vocation monastique ne l'ait invité à prendre cette décision. Bien au contraire, les motifs complexes qui l'y décidèrent font au sentiment religieux une assez large place pour qu'on ne puisse simplifier à l'excès le sens vrai de son entrée en religion. Du côté d'Héloïse, rien qu'une obéissance passionnée aux ordres d'Abélard ; même à plus de douze ans de distance, l'abbesse du Paraclet n'a pas encore accepté sans réserve le coup dont Dieu l'a frappée ; du côté d'Abélard, au contraire, acceptation immédiate et totale de l'expiation cruelle que Dieu lui impose. Certes, il pleure sa gloire perdue et se lamente sur son déshonneur, mais l'acceptation de la volonté divine, le désir d'expier sa faute, non seulement contre Dieu, mais contre Fulbert, sont au nombre des sentiments qu'il dit avoir alors éprouvés. Il n'y a pas plus de raisons de douter des uns que des autres : « Par un juste jugement de Dieu, j'étais puni dans la partie de mon corps où j'avais péché. Par une juste trahison, celui que j'avais moi-même trahi m'avait rendu la pareille [1]. » Il est comparativement aisé de trouver un homme qui accepte le jugement de Dieu ; mais pour qu'Abélard ait publiquement reconnu qu'il avait péché contre Fulbert, cet homme qui lui sembla toujours haïssable et ridicule, il fallait que sa conscience eût sincèrement reconnu la justice du châtiment qui l'accablait. Acceptons donc son témoignage sous la forme même où il s'exprime : dans sa décision d'entrer en religion, la honte fut un motif plus puissant que le désir de se consacrer à Dieu [2] ; pourtant, l'un des motifs n'excluait pas l'autre et cette soumission sans réserves au jugement divin, si contraire à la révolte obstinée d'Héloïse, semble bien avoir été le germe de toute la vie religieuse d'Abélard, le point de départ, et le point d'appui, de l'ascension spirituelle qu'il allait accomplir.

On ne sait à quel moment précis Abélard reçut la prêtrise. Lui-même ne dit rien à ce sujet, mais il est certain qu'il la reçut, puisque Héloïse lui dira désormais, non plus « toi, clerc et chanoine », mais « toi, moine et prêtre » [3]. On peut ajouter qu'Abélard était déjà prêtre lorsqu'il devint abbé de Saint-Gildas, car il se plaint qu'on ait alors empoisonné son calice pour se débarrasser de lui [4] ; il devait même l'avoir été dès le temps de sa retraite au Paraclet, alors qu'il se cachait dans cette solitude où il était, avec son clerc [5], le seul desservant de l'oratoire de la Sainte Trinité. On est ainsi conduit à penser qu'Abélard fut ordonné prêtre assez peu de temps après son entrée en religion. Quoi qu'il en soit de ce point, on ne peut douter qu'aussitôt en posses-

1. ABÉLARD, *Hist. calamit.*, cap. VIII, Pat. lat., t. 178, col. 135 B.
2. ABÉLARD, *op. cit.*, col. 136 A.
3. HÉLOÏSE, *Epist. IV*, Pat. lat., t. 178, col. 198 A. La formule exacte dont elle use est : « monialem monacho et sacerdoti... »
4. ABÉLARD, *Hist. calamit.*, cap. XV ; Pat. lat., t. 178, col. 179 C.
5. *Op. cit.*, cap. X ; col. 159 A.

sion de ses deux nouveaux titres, il ne les ait pris au sérieux et qu'il ne se soit employé à les faire valoir avec une aussi complète absence de scrupules que s'il les avait acquis de la manière la plus normale. Aussitôt moine, Abélard le devient entièrement ; il sera plus moine que n'importe quel moine ; bref, il le sera de la seule manière dont il pouvait être quelque chose, sans compromissions, sans mesure, avec l'énergie farouche d'une volonté qui se raidit contre le désespoir.

Telle fut d'ailleurs la source de la nouvelle série de malheurs qui allaient l'accabler. Dieu ne l'a frappé que pour le libérer de l'aiguillon de la chair et le rendre libre de vaquer aux travaux de l'esprit. Ainsi rétabli de force dans une dignité dont il n'eût jamais dû déchoir, Abélard ne tolérera plus que les autres en déchoient. Il commence donc par vouloir réformer les mœurs des moines de Saint-Denys, et celles mêmes de son abbé, dont il assure que la vie était d'autant plus abjecte et l'infamie plus connue que sa dignité même était plus élevée. A force de les reprendre, souvent et avec véhémence, tantôt en privé, tantôt en public, il se rendit bientôt excessivement insupportable et odieux à tout le monde : *omnibus me supra modum onerosum atque odiosum effeci* [1]. Ce premier résultat ne lui suffisant pas, il entreprit de démontrer à un chanoine régulier de combien l'état de moine l'emportait en dignité, non seulement sur celui de clerc, mais sur celui de prêtre et même d'évêque. Pourquoi l'Église invoque-t-elle, dans ses Litanies : « Tous les saints moines et ermites », plutôt que : « Tous les saints clercs, les saints prêtres ou les saints évêques ? ». Évidemment parce que l'état de perfection religieuse, propre à la vie monastique, l'emporte sur les dignités les plus hautes du clergé séculier d'autant que la vie contemplative l'emporte

1. *Op. cit.*, cap. VIII ; col. 136-137.

sur la vie active ! Saint Jérôme, Sénèque, Cicéron, sont successivement mobilisés par Abélard pour appuyer sa thèse ;
et tout cela est fort bon, mais on admire que ce défenseur
passionné de la continence monastique ait pu si complètement oublier combien elle lui était devenue facile et tirer
autant de gloire d'une perfection qui lui coûtait désormais
si peu [1]. Une telle intransigeance dans l'idéal de la vie religieuse, de la part d'un moine dont la vocation demeurait
suspecte, n'était assurément pas faite pour lui gagner des
sympathies. Même à la distance où nous sommes de ces
événements, nous pourrions nous-mêmes en sourire ou nous
en étonner, s'il ne fallait y voir plutôt l'expression naïve de
la sincérité totale avec laquelle, une fois moine, Abélard
s'était tourné vers Dieu.

Bien d'autres décisions s'étaient offertes à son choix après
l'attentat dont il avait été victime. Quelle que fût la honte
dont il se sentait accablé, rien ne lui eût alors interdit
de laisser passer quelque temps, et de reprendre ensuite
son enseignement ; sa gloire de clerc philosophe et théologien, désormais pure de tout soupçon, n'en eût pas été di-
minuée. S'il préférait entrer en religion, rien ne l'obligeait
à réformer les monastères où il vivait, Saint-Denys d'abord,
Saint-Gildas ensuite. Même à supposer qu'il ne pût s'accommoder d'une demi-observance de la règle, il pouvait encore
s'astreindre lui-même à son observance stricte, et donner
dans un monastère l'exemple d'une vie bénédictine parfaite,
sans renouveler sur les bords de l'Ardusson les austérités
des Pères du Désert. En fait, Abélard n'a pas voulu de ces
demi-mesures. S'il doit devenir un moine enseignant, son
modèle est immédiatement choisi : ce sera Origène, « le plus
grand des philosophes chrétiens » et dont la grandeur n'effraie
pas la sienne. Grâce à leur mutilation, volontaire ou subie, tous

---

1. ABÉLARD, *Epist. XII* ; Pat. lat., t. 178, col. 343-352.

deux sont libres des passions de la chair ; comme Origène, Abélard est un philosophe illustre ; comme Origène encore, Abélard est un théologien de race[1] ; soutenu par cette double certitude, Abélard va donc se transformer, de philosophe du siècle qu'il avait été, en philosophe de Dieu[2] et, dans son désir de gagner les esprits à l'étude de la vraie philosophie, celle des Écritures, s'engager dans les spéculations périlleuses qui le conduiront du Concile de Soissons au Concile de Sens. Il était difficile de mieux imiter Origène et, pour une volonté tendue vers la grandeur, le risque était beau à courir. Abélard se flattait d'éviter de nouveaux naufrages, mais surtout c'était pour lui ne rien être que de ne pas être grand. Or ce qu'il voulait être comme théologien, il voulait aussi l'être comme moine, car ces deux grandeurs étaient inséparablement liées à la grandeur chrétienne vraie, qui est la sainteté. Abélard ne pouvait pas ne pas la vouloir, puisque c'était la plus haute. Tout indique qu'il l'a en effet voulue. Ce ne fut pas l'une des moindres surprises d'Héloïse, religieuse pour l'amour d'Abélard, que de se heurter à un Abélard si différent de celui qu'elle avait connu. Tendu tout entier vers l'amour de Dieu, Abélard avait subi cette *conversio* transformante qu'est la profession religieuse ; il allait donc devancer Héloïse dans la voie de l'amour divin d'aussi loin qu'elle l'avait jadis précédé dans la perfection de l'amour humain.

A partir de ce point, en effet, Abélard ne cessera plus de grandir ; car s'il ne fut pas tout à fait aussi grand philosophe qu'on voulait le lui faire croire, ni aussi grand théologien qu'il le croyait lui-même, il allait devenir assez grand chrétien pour satisfaire à la fois saint Bernard de Clair-

---

1. « Cum autem in divina Scriptura non minorem mihi gratiam quam in saeculari Dominus contulisse videretur », ABÉLARD, *Hist. calamit.*, cap. VIII ; *Pat. lat.*, t. 178, col. 138-139.

2. ABÉLARD, *op. cit.*, col. 136 C.

vaux et Pierre le Vénérable. Ce n'est pas un médiocre succès.
Mais il n'est que juste d'ajouter que, tendu comme lui-
même l'était vers la perfection chrétienne, Abélard fit l'impossible pour y conduire Héloïse. Si le recueil de lettres qui
nous a été conservé forme un tout et présente une aussi
remarquable unité ; si Abélard, ou Héloïse, ou l'un et l'autre,
ont voulu que ce seul fragment de leur correspondance nous
fût transmis, c'est qu'il décrit leurs sentiments en l'un des
points les plus critiques de leur histoire. Abélard y découvre
avec effroi que l'abbesse du Paraclet est toujours l'Héloïse
qu'il a connue dans le monde ; tous ses efforts vont tendre
à obtenir de cette religieuse exemplaire la *conversio* qu'elle
refuse, ou qu'elle croit encore refuser. Dieu seul sait s'il l'a
jamais obtenue, à supposer même qu'il eût vraiment à l'obtenir. Ces lettres, qui disent tout, nous laissent aux prises
avec le secret de deux vies intérieures trop profondes pour
se comprendre elles-mêmes. Ici, pourtant, c'est Abélard qui
devient le maître et le guide ; suivons-le donc, comme fit
jadis Héloïse, aussi loin que nous le pourrons.

Pour donner à cette partie de leur correspondance le sens
qu'elle eut à leurs yeux, et qui légitimait sans doute pour
eux sa publication, c'est à saint Jérôme qu'il faut une fois
de plus revenir. Ce qu'Héloïse réclamait d'Abélard, c'était
des lettres d'un genre bien déterminé ; des lettres, ou, s'il
le fallait, des traités d'instruction, d'exhortation et de consolation, comme les Pères de l'Église en avaient tant écrit
pour de saintes femmes [1]. Abélard avait fort bien compris
ce dont il s'agissait. Il se peut qu'il n'ait jamais écrit à Héloïse
depuis leur entrée en religion ; mais nous n'en savons rien,
et ce n'est pas nécessairement ce que sa réponse à la première lettre d'Héloïse veut dire. *Quod post nostram a saeculo
ad Deum conversionem nondum tibi aliquid consolationis vel*

---

1. Héloïse, *Epist. II* ; Pat. lat., t. 178, col. 184 B.

exhortationis scripserim [1] signifie exactement : je n'ai pas
encore écrit pour toi de ces lettres de direction spirituelle,
comme Jérôme en écrivit jadis pour les vierges et les veuves
illustres dont il dirigeait la conscience. Bref, cette nouvelle
Marcella attendait son saint Jérôme [2] ; Abélard n'avait pas
le droit de se récuser.

En fait, il ne semble pas y avoir songé. Pour apprécier
pleinement l'effort d'Abélard en faveur d'Héloïse, il ne
suffit pas de se souvenir des lettres qu'il lui écrivit alors,
même en y joignant le véritable traité qu'il composa pour
elle sur la règle des moniales. L'*Epistola de studio litterarum*,
les *Heloissae problemata*, son *Hexameron*, les Hymnes et les
Séquences composées sur les instances d'Héloïse, le recueil
de sermons prêchés aux religieuses du Paraclet et que, contre
sa coutume, il rédigea à leur intention [3], témoignent abon-
damment du vif sentiment de sa responsabilité spirituelle
dont Abélard fut alors animé. Le plus surprenant n'est pas
là, car on ne le vit guère hésiter à entreprendre ; l'étonnant
est bien plutôt que, pour une fois, Abélard ait pleinement
réussi. Il manque beaucoup de choses à sa logique, et plus
encore à sa théologie ; mais si l'on veut une œuvre d'Abélard
à laquelle rien ne manque, une entreprise où il se soit montré

---

1. ABÉLARD, *Epist. III* ; Pat. lat., t. 178, col. 187 B.

2. C'est en faisant appel à l'exemple de saint Jérôme, et en se réclamant
des précédents de Marcella et d'Asella, qu'Héloïse posera à Abélard quarante-
deux questions sur l'Écriture Sainte (Pat. lat., t. 178, col. 677-678). Toute
l'*Epistola IX* d'Abélard aux religieuses du Paraclet, est pleine de saint Jérôme, et l'on y voit revenir avec insistance les noms d'Eustochium, de Marcella, de Paula. Pourquoi croit-on qu'Héloïse ait ajouté à sa connaissance
du latin celle du grec et de l'hébreu ? Parce que Paula et sa fille Eustochium
savaient ces langues (col. 331 AB). Abélard lui-même a d'ailleurs fait ce rap-
prochement : « quae (*sc*. Héloïssa) non solum Latinae, verum etiam tam
Hebraicae quam Graecae non expers litteraturae, sola hoc tempore illam
trium linguarum Hieronymo, tanquam singularis gratia, praedicatur, et ab
ipso in supradictis venerabilibus feminis maxime commendatur. » ABÉLARD,
Epist. IX, Pat. lat., t. 178, col. 333 BC.

3. ABÉLARD, *Epistola ad Heloissam* ; Pat. lat., t. 178, col. 379-380.

pleinement égal à sa tâche, ce sont les lettres à Héloïse qu'il convient de citer. Certes, le pathétique humain d'Héloïse ne peut manquer d'émouvoir davantage ; même lorsque c'est lui qui a raison, Abélard ne peut avoir le beau rôle contre cette femme qui l'aime, qu'il a jadis perdue sans retour, et dont il a le devoir cruel d'arracher le consentement au sacrifice qu'il lui a lui-même imposé. Pourtant, quand tout est dit, c'est bien Abélard qui cette fois a raison ; il ne demande rien d'autre d'Héloïse, que ce qu'elle peut et doit désormais lui donner [1].

Cet aspect d'Abélard est si complètement obscurci par les controverses du logicien et du théologien, qu'il faut bien, tout en s'excusant de dire des choses aussi simples, rappeler à quel point son attitude à l'égard d'Héloïse devint. alors celle d'un frère, d'un père, d'un chrétien.

Dès le début de sa première réponse, Abélard touche la note juste qu'il ne perdra plus désormais : « A Héloïse, sa bien aimée sœur dans le Christ, Abélard, son frère en Lui... Sœur qui me fut chère dans le siècle, à présent très chère dans le Christ [2]. » A Héloïse qui lui rappelle obstinément qu'elle est sa femme, et que sa passion pour lui n'est pas morte, Abélard ne se lassera pas de remontrer que l'amour qu'il a désormais pour elle, comme celui qu'elle doit avoir désormais pour lui, non moins ardent que le premier, est ou devrait être d'une espèce toute différente. « A son unique après le Christ, celle qui est son unique dans le Christ », écrit Héloïse ; « A l'épouse du Christ, le serviteur du Christ »,

1. Je ne crois pas qu'Oddoul ait réussi à justifier Abélard d'avoir imposé à Héloïse une prise de voile dont il eût dû, ne fût-ce que par prudence humaine, mais plus encore par respect pour elle, lui laisser l'initiative. Par contre, je pense qu'Oddoul a eu grandement raison de louer la direction spirituelle d'Abélard. Certes, il était responsable de l'immolation complète qu'il exigeait d'Héloïse, mais l'irréparable étant accompli, Abélard avait raison de la demander. Cf. Oddoul, dans M. et Mᵐᵉ GUIZOT, Abailard et Héloïse, p. 28-29.

2. ABÉLARD, Epist. III ; Pat. lat., t. 178, col. 187 BC.

répond Abélard. Il serait injuste de l'accuser ici de froideur
ou d'indifférence, car il dit très exactement par là ce qu'il
devait dire : Héloïse est toujours sa femme, mais l'abbesse
du Paraclet est avant tout l'épouse du Christ. Certes, on
admirera l'habile riposte d'Héloïse, qui se proclame « à Dieu
par l'espèce, mais à Abélard comme individu ». Quelle logi-
cienne ! Abélard lui-même n'en obtiendra jamais davantage
et nous devons donc nous-mêmes nous en contenter. Pourtant, puisque Héloïse se prévalait des droits de la vierge
Eustochium, Abélard avait le droit de citer en réponse la
parole de saint Jérôme : « Je vous appelle Madame, Eustochium, car je dois nommer ma Dame l'épouse de mon Seigneur *(dominam quippe debeo vocare sponsam Domini mei).* »
Épouse du Seigneur, Héloïse était désormais trop haut placée
pour qu'Abélard pensât encore l'honorer en l'appelant sa
femme ; que ne se louait-elle bien plutôt, jadis femme d'un
pauvre homme, d'être désormais appelée l'épouse du sou-
verain Roi [1] ?

Ne croyons pas qu'il s'agisse ici de formules creuses, car
Abélard a trouvé, pour les commenter, des accents que nulle
rhétorique n'aurait pu lui inspirer. Les pages où il remet
sous les yeux d'Héloïse toutes les scènes de la Passion, ne
sont pas indignes des plus beaux sermons de saint Bernard,
et pourtant, qu'elles atteignent directement Héloïse ! Si ce
qu'elle veut est de l'amour pur, où espère-t-elle donc en
trouver de plus pur que celui de Jésus-Christ mort en croix
pour la sauver ? Avec autant d'adresse que d'éloquence,
Abélard retourne successivement contre Héloïse chacun des
arguments qu'elle a dressés contre lui. Si c'est de l'amour
désintéressé qu'elle cherche et qu'elle se plaint de ne pouvoir trouver ailleurs qu'en elle-même, que ne se tourne-t-elle

1. ABÉLARD, *Epist. V* ; *Pat. lat.*, t. 178, col. 199 C. L'intention, que l'on
a prêtée à Abélard, de prendre Héloïse par la flatterie, n'est donc aucunement chose prouvée.

vers ce Créateur du monde qui, n'attendant rien d'elle ni de personne, a souffert pour l'amour d'elle le plus affreux des supplices ? C'est toi, lui avait écrit Héloïse, ce n'étaient pas tes biens que j'aimais. Et Dieu ? reprend à son tour Abélard, « que cherche-t-il d'autre en toi, que toi-même ? C'est lui ton véritable ami, car c'est toi-même qu'il désire, non ce que tu as ». Héloïse accuse Abélard de ne l'avoir jamais sincèrement aimée ? C'est vrai, répond-t-il, mais c'est justement pourquoi elle devrait se détourner de lui pour se tourner vers Dieu, qui seul l'a vraiment aimée : « Mon amour, qui nous engageait tous deux dans le péché, ne l'appelons pas amour, mais concupiscence. J'assouvissais en toi mes misérables voluptés, et c'était là tout ce que j'aimais. » C'est pour elle, assure Héloïse, qu'Abélard a tant souffert ; disons plutôt, par elle, et bien malgré lui ; mais c'est de plein gré, au contraire, que Dieu s'est immolé pour elle ; quelle injustice n'y aurait-il donc pas de sa part à pleurer des souffrances qu'Abélard a subies en juste vengeance de ses fautes, au lieu de plaindre le supplice inique d'un Dieu parfaitement innocent [1] ?

C'était un coup de maître que d'en appeler au respect d'Héloïse pour l'amour pur, mais Abélard pouvait le faire sans quitter le terrain des généralités objectives et abstraites. Au contraire, pour répondre à ce qu'il nomme la revendication perpétuelle d'Héloïse contre Dieu [2], Abélard ne pouvait guère éviter de la prendre elle-même personnellement à partie. C'est ce qu'il fit, avec une vigueur que l'on a parfois trouvée choquante, mais dont il faut bien avouer que toute l'attitude d'Héloïse l'avait rendue nécessaire. Non seulement l'abbesse du Paraclet n'acceptait pas encore le châtiment dont Dieu les avait frappés, mais elle accusait son

1. Abélard, *Epist. V*, Pat. lat., t. 178, col. 210 AC.
2. Abélard, *op. cit.*, col. 199 A et 204 D.

juge. N'oublions pas cette exclamation digne de la Phèdre de Racine : « O Dieu, s'il est permis de le dire, en tout cruel envers moi [1] ! » Car les griefs d'Héloïse contre Dieu étaient nombreux et précis. Elle lui reprochait de ne l'avoir rendue la plus illustre et la plus heureuse des femmes que pour lui préparer une chute plus rude ; de les avoir épargnés tous deux tant qu'ils vivaient en état de fornication, puis de les avoir frappés au moment où, s'aimant d'un amour désormais légitime, ils vivaient chastement séparés, lui à Paris, elle à Argenteuil ; enfin, dernier grief où paraît ce qu'a de proprement défini la puissance revendicatrice de la logique féminine : puisque Dieu voulait malgré tout les punir, pourquoi n'avoir frappé qu'Abélard, lui qui avait déjà si largement réparé sa faute en s'humiliant jusqu'à épouser Héloïse [2] ?

Cette révolte ne pouvait manquer d'alarmer Abélard, car s'il n'ignorait pas qu'Héloïse eût nourri ces sentiments, il espérait qu'elle y avait depuis longtemps renoncé. On voit qu'il n'en était rien. Menant une vie double, elle prétendait être à la fois l'amante passionnée qu'elle avait été jadis et l'abbesse d'un couvent bénédictin qu'elle était devenue ; bien plus, elle prétendait mener une vie monastique irréprochable tout en refusant obstinément d'en accepter les motifs religieux. Comme Abélard le lui dit fort judicieusement, Héloïse ne pouvait s'obstiner dans une telle attitude qu'en s'usant le corps autant que l'âme [3] ; mais il n'était pas facile d'obtenir de cette inflexible volonté qu'elle se rendît et si l'on juge qu'Abélard y mit quelque rudesse, il convient de ne pas oublier qu'il avait affaire à forte partie. Après tout, même en employant les grands moyens, jamais il n'obtint

1. « O si fas sit dici crudelem mihi per omnia Deum ! » Héloïse, Epist. IV ; Pat. lat., t. 178, col. 194 B.
2. Héloïse, Epist. IV ; Pat. lat., t. 178, col. 194 B-195 B.
3. « ...corpus tuum pariter et animam conterens. » Abélard, Epist. V, Pat. lat., t. 178, col. 205 A.

d'Héloïse le moindre désaveu des sentiments qu'elle venait
d'exprimer.

Le seul espoir d'Abélard lui venait de ce que ces sentiments n'étaient pas tous de même venue ni, pour tout dire,
de même qualité. Lorsque Héloïse écrit : je suis encore jeune
et pleine de vie, je t'aime plus que jamais et je souffre atro-
cement de mener une vie dont je n'ai pas la vocation, elle
décrit avec une simplicité déchirante l'une des situations les
plus tragiques que l'on puisse concevoir. « Ces voluptés des
amants que nous avons goûtées ensemble m'ont été si douces,
que je ne puis leur en vouloir ni même en effacer sans peine
le souvenir. De quelque côté que je me tourne, elles s'imposent toujours à ma vue, elles et leurs désirs. Même lorsque
je dors, leurs illusions me poursuivent. Il n'est pas jusqu'à la
célébration de la messe, quand la prière devrait être la plus
pure, où les images obscènes de ces voluptés ne captivent si
complètement ma pauvre âme, où je ne m'adonne à ces turpitudes plus qu'à la prière. Moi qui devrais gémir de ce que
j'ai commis, je soupire après ce que j'ai perdu. Et non seulement ce que nous avons fait, mais les lieux, les moments
où nous l'avons fait ensemble sont tellement gravés dans
mon cœur que je les revis avec toi tout entiers et ne m'en
délivre pas même pendant mon sommeil. Parfois, même les
mouvements de mon corps laissent voir les pensées de mon
âme ; elle se trahissent en paroles involontaires. Que je suis
malheureuse ! Et combien j'ai droit de redire cette plainte
d'une âme gémissante : « Infortuné que je suis, qui me délivrera de ce corps de mort ? [1] ».

Nul ne peut se tromper à de tels accents, et, comme nous
le verrons, Abélard s'est bien gardé de répondre avec iro-
nie sur ce point. Mais Héloïse occupait ailleurs des positions
moins sûres, dont Abélard pouvait croire qu'il ne serait pas

---

1. HÉLOÏSE, *Epist. IV*, Pat. lat., t. 178, col. 196-197.

impossible de la déloger. Il s'est en effet demandé, et tout lecteur des lettres d'Héloïse se le demande avec lui, si elles n'exprimaient pas, outre une profonde et sincère détresse, comme une obstination volontaire et une sorte de raidissement dans une attitude jadis spontanée qu'il s'agissait de maintenir à tout prix. Bref, il n'est pas impossible qu'Héloïse ait voulu tenir le rôle dont Pompée avait chargé Cornélie :

> ...Habes aditum mansurae in saecula famae :
> laudis in hoc sexu non legum jura nec arma,
> unica materia est conjux miser [1].

S'il ne lui restait que cette matière dont tirer sa gloire, pourquoi ne pas l'exploiter ? De là, chez Héloïse, quelque chose de cette culture attentive de la douleur si bien marquée par Lucain chez Cornélie :

> ... saevumque arte complexa dolorem
> perfruitur lacrimis et amat pro conjuge luctum [2].

Et certes, pour être ainsi cultivée, une douleur n'en est pas moins cruelle, mais il entre quelque artifice dans les moyens par lesquels elle s'entretient elle-même, et la sincérité de son expression finit toujours par s'en ressentir.

Dans le cas d'Héloïse, l'artifice était d'autant plus difficile à cacher qu'il voisinait avec une douleur plus authentique et qu'il détonnait plus complètement avec la vie religieuse dont elle avait fait profession. C'est pourquoi, si touchante qu'elle soit et doive rester jusqu'à la fin, Héloïse n'a pas le plus beau rôle dans le duel final qui la met aux prises avec Abélard. A partir de ce moment, c'est lui qui

---

1. « Voici pour toi l'occasion d'accéder à une renommée impérissable. Ton sexe n'acquiert la gloire ni dans l'armée ni dans la magistrature, il ne peut la trouver que dans le malheur d'un époux. » (Phars., VIII, 74-76.)

2. « ...et, cultivant avec soin sa farouche douleur, elle jouit de ses larmes et aime son deuil à la place de son époux. » LUCAIN, Phars., IX, 111-112.

est dans le vrai et elle dans le faux. Abélard le sait, et il abuse peut-être un peu de son avantage, mais il y allait du salut d'Héloïse en ce monde et en l'autre, et tant qu'il restait un espoir qu'elle ne fût pas incorrigible, il fallait agir pour l'aider à se corriger.

Héloïse, on s'en souvient, avait pris occasion de l'*Historia calamitatum* pour réclamer avec force, soit la présence d'Abélard lui-même au Paraclet, soit au moins des lettres de direction spirituelle et des nouvelles le concernant. Après avoir reconnu que, depuis leur entrée en religion, il ne lui avait écrit aucune épître de consolation ou d'exhortation spirituelles, Abélard s'excuse en alléguant la compétence et la prudence admirables d'Héloïse, qui rendent de tels avis inutiles. Pourtant, il promet de répondre à toutes les questions de ce genre qu'on lui posera [1]. Quant aux inquiétudes sur son sort exprimées par Héloïse, Abélard répond simplement que la meilleure manière de le secourir contre les périls quotidiens qui le menacent, est de prier quotidiennement pour lui. Rien de plus puissant auprès de Dieu que les prières des femmes pour ceux qui leur sont chers, des épouses pour leurs époux. Qu'Héloïse prie donc pour lui ; c'est pour l'y aider qu'il lui enverra un psautier [2], et si Héloïse n'y suffit pas, les pieuses vierges et les saintes veuves qui l'entourent obtiendront de Dieu pour lui la protection dont il a besoin [3]. Mais pourquoi donc Héloïse n'y suffirait-elle pas, elle dont la sainteté ne peut pas ne pas être puissante auprès de Dieu [4] ? Lorsqu'il résidait près des religieuses du Paraclet, elles ajoutaient à la récitation quotidienne des heures des prières spéciales pour Abélard. Après avoir rappelé le texte des

---

1. ABÉLARD, *Epist. III* ; Pat. lat., t. 178, col. 187 B. — Au sens défini plus haut, p. 83.
2. *Op. cit.*, col. 187 C-188 B.
3. *Op. cit.*, col. 189 C.
4. *Op. cit.*, col. 190 C.

prières qu'elles disaient pour lui au temps de sa présence, il leur en envoie de nouvelles à dire au temps de son absence [1]. Que peuvent-elles faire d'autre pour lui ? Rien, en vérité, sinon au cas où il viendrait à mourir de mort naturelle ou violente, recueillir son corps, où qu'il puisse être enseveli ou exposé, pour le ramener dans leur cimetière. Chaque fois qu'elles verront son tombeau, ses filles, ou plutôt ses sœurs dans le Christ, se souviendront de prier pour lui. D'ailleurs quel lieu plus convenable pour une sépulture chrétienne que la demeure des servantes du Christ ? Telles étaient les dernières volontés d'Abélard, et il concluait en suppliant les religieuses du Paraclet de reporter plus tard sur le salut de son âme le souci excessif qu'elles avaient du salut de son corps [2]. Toute la lettre d'Abélard est d'une justesse de ton véritablement parfaite. Héloïse s'est réclamée de ses droits d'épouse auprès de lui, il lui demande d'user pour lui de ses droits d'épouse auprès de Dieu ; elle lui demande des avis, il les lui promet ; elle proclame sa passion pour lui, il lui demande de prier Dieu passionnément pour que sa grâce le leur conserve ; elle le supplie de revenir au Paraclet, il les prie d'y ramener du moins son corps après sa mort. La transfiguration en sentiments divins de chacun des sentiments humains d'Héloïse ne pouvait être plus discrètement ni plus fermement suggérée.

Les suggestions d'Abélard furent néanmoins perdues et l'on conçoit qu'il ait éprouvé quelque irritation devant les surprenantes réactions d'Héloïse. Il demande que ses filles n'oublient pas de prier pour son âme après sa mort, et voici qu'Héloïse s'exclame : après ta mort ? Comme si nous pouvions te survivre ! C'est toi qui dois célébrer nos obsèques et nous remettre les premières aux mains de Dieu. Com-

1. *Op. cit., col.* 191 C-192 A.
2. *Op. cit.,* col. 192 AC.

ment pourrions-nous prier Dieu pour toi, alors que nous
passerons notre temps à lui reprocher ta mort ? Il faudra
qu'on nous ensevelisse ensemble, donc nous ne pourrons pas
t'ensevelir. Ce qu'il faut espérer, c'est que les filles d'Abélard le précèdent dans la tombe au lieu de l'y suivre. Qu'il
ne leur parle donc plus de sa mort : cette idée les boule-
verse tellement qu'elles ne sont plus capables de dire l'office
qu'il leur a prescrit. Certes, la mort est inévitable, mais
pourquoi y penser d'avance ? Comme dit Sénèque : « c'est
aller au devant du mal et perdre la vie avant la mort ».
Adressons donc plutôt à Dieu la prière si sage du poète
Lucain à Jupiter :

> *Sit subitum quodcumque paras ; sit caeca futuri*
> *mens hominium fati ; liceat sperare timenti* [1].

Héloïse n'espérait probablement pas faire croire que si
Abélard mourait, tout le couvent du Paraclet devait mourir
et être enterré avec lui ; mais alors ce qu'elle en dit n'est
que la plus convenue des formules [2]. D'autre part, cette
mère abbesse qui, loin de conseiller à ses filles la méditation
des fins dernières, demandait à Dieu pour Abélard la grâce
d'une mort subite, était vraiment beaucoup plus près du
stoïcisme de Sénèque et de Lucain que du christianisme
dont elle faisait profession. On conçoit qu'Abélard ait été
quelque peu irrité par cette religieuse excessive en ses propos et que le vieux logicien ait voulu ramener Héloïse à
un semblant de cohérence. Car elle l'avait supplié de la
tenir au courant de ses malheurs ; il lui écrit qu'il est en

---

1. HÉLOÏSE, *Epist. IV* ; Pat. lat., t. 178, col. 173-174. — « Que tout ce
que tu prépares vienne à l'improviste ! Laisse l'esprit des humains s'aveugler
sur leur destin futur ; que celui qui craint puisse du moins espérer ! » LUCAIN,
Phars., II, 14-15.

2. Sur une objection à cette interprétation, voir E. GILSON, *Dix variations
sur un thème d'Héloïse*, dans Appendice II, p. 194.

danger de mort, et elle lui répond de ne plus jamais lui parler d'une chose pareille ! Est-ce que par hasard, lui demande Abélard, quand tu demandes de mes nouvelles, tu voudrais n'en recevoir que de bonnes ? Si tu préfères ignorer les dangers qui me menacent, pourquoi exiges-tu que je t'en parle ? Et lorsque je vois la mort comme une délivrance de l'affreuse vie que je mène, pourquoi refuserais-tu de la voir ainsi ?

A partir de ce point les arguments se pressent sous la plume d'Abélard qui veut déloger Héloïse de toutes ses positions. L'indignité dont elle s'accuse et qui rendait ses prières inutiles ? Mais est-il bien sûr qu'en se rabaissant ainsi plus que de raison Héloïse n'use pas de coquetterie ? Elle s'humilie pour qu'on l'exalte : *et fugit ad salices, et se cupit ante videri*[1]. D'ailleurs, si c'est la révolte contre la volonté de Dieu qui la rend indigne de faire pénitence, que ne cède-t-elle du moins à la volonté d'Abélard, qui lui enjoint de renoncer à cette rebellion ? Héloïse se vante d'être prête à le suivre jusqu'aux enfers ; on finirait par se demander si le seul endroit où elle ne veuille pas le suivre ne serait pas le ciel[2] ? C'est alors que portant résolument le fer dans la plaie, Abélard s'acharne à lui faire sentir combien leurs fautes avaient été graves et leur châtiment divin salutaire. Cette séparation où tous deux vivaient lorsque Dieu les avait frappés, Abélard rappelle avec des précisions impitoyables qu'elle n'avait pas été aussi chaste que le prétendait Héloïse. Même le respect dû à un lieu saint et consacré à la Vierge n'avait pas retenu leur impudicité, et sans

1. Abélard, *Epist. V* ; Pat. lat., t. 178, col. 204 C. — Virgile, *Eclog.*, III, 65.
2. « Cum qua [amaritudine animi] mihi non placere, neque mecum ad beatitudinem pervenire. Sustinebis illuc me sine te pergere, quem etiam ad Vulcania loca profiteris te sequi velle ? » Abélard, *Epist. V* ; Pat. lat., t. 178, col. 205 A.

parler de tous leurs crimes antérieurs, celui-là seul jus-
tifierait leur châtiment [1]. Châtiment salutaire d'ailleurs,
et justice pleine de clémence, puisque Abélard était désormais circoncis dans son âme comme dans son corps, libéré
comme Origène, sans avoir commis le crime dont Origène
avait payé cette libération [2]. Et que dirons-nous d'Héloïse ?

Rien, dans toutes les œuvres d'Abélard, ne peut se comparer aux pages brûlantes, pressantes, où l'abbé de Saint-
Gildas tente, dans un effort désespéré, d'obtenir d'Héloïse
le renoncement au vouloir propre qu'elle s'obstine à refuser.
Dieu se l'est destinée de toute éternité, car il se nomme
Heloim, et il l'a nommée Héloïse. Ce mariage qu'elle mau-
dit, c'est Dieu qui l'a voulu pour eux, puisque Abélard lui
doit la mutilation qui l'affranchit de ses souillures, et
qu'Héloïse lui doit, liée qu'elle était à Abélard par ce lien,
d'avoir dû renoncer au monde pour se donner tout entière
à Dieu. La famille charnelle qu'elle eût élevée dans le siècle,
elle l'enfante spirituellement dans le cloître. Sauvée, elle
aussi, du cloaque du monde, ne vit-elle pas une vie plus
digne d'elle dans la méditation, l'étude et la prière, que
celle qu'elle eût menée dans le siècle ? Les mains sacrées
d'Héloïse, faites pour feuilleter les livres saints, ne devaient
pas être profanées par les travaux vulgaires du commun
des femmes. D'ailleurs, si ce qu'elle veut est de l'amour
pur, où donc en trouvera-t-elle un plus pur que celui de
Jésus-Christ, son véritable époux ? Il est trop vrai, comme
elle-même le dit, qu'Abélard ne l'a jamais aimée ; car il ne
l'aimait pas pour elle, il la convoitait pour lui. Mais le Christ,

---

1. « Nosti... id impudentissime tunc actum esse in tam reverendo loco et
summae Virgini consecrato. » C'est-à-dire dans un coin du réfectoire des religieuses d'Argenteuil, « cum quod alias diverteremus non haberemus ». Héloïse,
on s'en souvient, avait alors été déguisée en novice par Abélard. Cf. *op. cit.*,
col. 205 C et plus haut, p. 58.
2. *Op. cit.*, col. 206 D-207 C.

lui, aimait Héloïse pour elle-même lorsqu'il souffrait en croix la mort la plus ignominieuse et la plus injuste, afin de la sauver. Pleure donc ton sauveur, Héloïse, non ton corrupteur ; pleure ton rédempteur, non ton séducteur, car si tu t'obstinais à déplorer ce que tu nommes ma ruine, on pourrait se demander si ton amour est aussi pur qu'il croit l'être. Comme le disait Pompée à Cornélie : « Pompée survit aux combats, sa fortune seule est morte ; ce que tu pleures, c'est cela que tu aimais [1]. »

Rien ne peut remplacer la lecture de ces pages admirables, serrées comme un tissu vivant, et qu'il est impossible d'analyser sans sacrifier la plupart des beautés qu'elles contiennent. Pourtant, le plus beau n'apparaît qu'à la fin lorsque, se tournant vers les souffrances dont se plaint Héloïse, Abélard l'exhorte à les prendre pour ce qu'elles sont : non des crimes qui feraient de sa vie monastique, exemplaire une continuelle hypocrisie, mais des épreuves purifiantes qui lui vaudront la couronne du martyre. Qu'elle accepte donc de souffrir, et non pas seulement pour elle, mais aussi pour lui. Car s'il est trop vrai que lui ne peut plus acquérir de mérites, Héloïse peut encore souffrir et expier désormais pour deux. Jésus-Christ est à Héloïse, puisqu'elle est devenue son épouse, mais Abélard aussi est à Héloïse, puisqu'ils ne font qu'un par le mariage. Tout ce qui est à Héloïse est à Abélard, et Jésus-Christ même : « Nous sommes un dans le Christ, nous sommes une seule chair par la loi du mariage. Tout ce qui est tien, je le considère comme mien. Or, le Christ est tien, puisque tu es devenue son épouse... Aussi est-ce en ton appui près de lui que je mets mon espoir, pour obtenir par ta prière ce que je ne peux obtenir par la mienne ». Quelle union plus totale, plus

1. ABÉLARD, *Epist. V* ; Pat. lat., t. 178, col. 210 AC. — Cf. LUCAIN, *Pharsale*, VIII, 84-85.

intime, plus haute et plus digne de la grande âme d'Héloïse
Abélard pouvait-il encore lui offrir ? Il est son serviteur, et
c'est elle qui le domine, puisqu'il donne à celle qui l'aime,
pour qu'elle la sauve par sa souffrance, une âme que lui-
même, faute de pouvoir assez souffrir dans son corps, ne peut
plus racheter. Qu'Héloïse l'entende, elle sera la triompha-
trice, car elle du moins souffre et peut lutter encore ; elle
seule donc peut encore triompher : « Celui qui continue de
se battre, peut encore emporter la victoire. Moi je n'ai plus
de victoire à gagner, parce que je n'ai plus de bataille à
livrer ». C'est pourquoi Abélard s'obstine à nommer Héloïse
son chef : *Dominus*, car elle seule peut désormais conduire
et gagner pour deux la bataille unique de leur salut.

L'émouvante prière qu'Abélard supplie l'abbesse de réciter pour eux, et par laquelle il termine sa lettre, le montre
atteignant le plus haut sommet qu'il ait jamais atteint :
« Dieu, qui dès le commencement de la création des hommes,
avez, en formant la femme d'une côte de l'homme, consacré l'auguste mystère de l'union nuptiale ; vous qui avez
rehaussé le mariage d'immenses honneurs en naissant
d'une épouse et en commençant vos miracles aux noces de
Cana ; vous qui avez jadis accordé, de quelque manière
qu'il vous ait plus de le faire, ce remède à l'incontinence
de ma faiblesse, ne méprisez pas les prières que moi, votre
humble servante, je verse en suppliante sous les regards de
votre majesté pour mes désordres et pour ceux mêmes de
celui que j'aime. Pardonnez, ô Dieu très clément, que dis-
je ? vous, la clémence même, pardonnez même des crimes
aussi grands que les nôtres, et que l'immensité de votre
miséricorde ineffable se mesure avec la multitude de nos
fautes. Je vous en conjure, punissez à présent les coupables
pour les épargner dans l'avenir. Punissez-les dans le temps pour
ne pas les punir dans l'éternité. Prenez contre vos serviteurs
la verge de la correction, non le glaive de la colère. Châtiez

la chair pour sauver les âmes. Venez en purificateur, non
en vengeur ; en Dieu clément plutôt que juste ; en Père
miséricordieux, non en Seigneur sévère. Éprouvez-nous, Seigneur, et tentez-nous, mais comme le Prophète vous l'a
demandé pour lui-même : « Éprouve-moi, Seigneur, sonde-
moi, fais passer au creuset mes reins et mon cœur »
(*Ps.* XXV, 2) ; ce qui revient clairement à dire : examinez
d'abord mes forces, et mesurez-leur le fardeau de mes ten-
tations. C'est ce que saint Paul aussi promet à vos fidèles,
lorsqu'il dit : « Le Dieu puissant ne souffrira pas que vous
soyez tentés au-dessus de vos forces, mais avec la tentation
il ménagera aussi le secours pour que vous puissiez la supporter » (*I Cor.*, x, 23). Vous nous avez unis, Seigneur, et
vous nous avez séparés, quand il vous a plu, comme il vous
a plu. Ce que vous avez *commencé* dans la miséricorde,
achevez-le aujourd'hui dans un comble de miséricorde, et
ceux que vous avez un jour séparés l'un de l'autre en ce
monde, unissez-vous les pour toujours dans le Ciel, ô
notre espérance, notre partage, notre attente, notre consolation, Seigneur qui êtes béni dans tous les siècles. Ainsi
soit-il [1]. »

Le pénitent qui devait un jour faire sa paix avec saint
Bernard et mourir dans un renoncement total est déjà tout
entier dans ces lignes. Abélard a su gravir ce sommet. On
peut craindre qu'il se soit vainement efforcé d'y élever Héloïse.
On voudrait pouvoir dire que gagnée par tant d'éloquence
et séduite par ce haut idéal de charité chrétienne, Héloïse
finit par accepter d'aimer Abélard pour Dieu au lieu d'aimer
Dieu pour Abélard, ou même, comme il lui arrivait, d'aimer
Abélard contre Dieu. Si jamais son consentement fut donné,
il ne le fut que dans son cœur, non dans ses lettres ; il n'appartient donc pas à l'histoire. Pour nous, l'âpre débat qui

---

1. ABÉLARD, *Epist.* V, Pat. lat., t. 178, col. 212 AC.

mit aux prises ces deux grandes âmes s'achève sur la soumission chrétienne d'Abélard à la Providence dans la joie
du sacrifice, et sur l'acceptation stoïcienne d'Héloïse selon
les modèles classiques qu'en avaient laissés Sénèque et
Lucain.

Chapitre VI

LE MYSTÈRE D'HÉLOÏSE

Il n'est pas difficile d'obtenir des textes une image d'Héloïse qui soit à la fois simple et claire. La difficulté tient plutôt à ce que la vérité historique à laquelle on parvient ainsi est à la fois prouvée et peu vraisemblable. Ce qui s'impose avec évidence, chez Héloïse, c'est la grande amoureuse, dont on peut dire qu'elle en incarne l'essence pure, au point d'être cela et rien d'autre que cela. Ajoutons pourtant, si l'on veut, la grande amoureuse de style français, avec cette étrange avidité de justification rationnelle, ou sophistique, qu'elle conservera chez Chrétien de Troyes, chez Corneille et même, hélas ! chez Rousseau. S'il faut évoquer un témoin, donnons la parole à Henry Adams, dont la perspicacité est ici voisine du génie : « Le XIIe siècle, malgré son éclat, serait terne sans Abélard et Héloïse. Bien que nous le regrettions infiniment, Héloïse doit être omise de cette histoire, parce qu'elle n'était ni philosophe, ni poète, ni artiste, mais seulement française jusqu'au bout des ongles. Même si l'on se doute que ses fameuses lettres à Abélard ne sont pas, dans leur ensemble, à l'abri de tout soupçon, il reste pourtant qu'à lui appliquer des normes françaises, elle valait au moins une douzaine d'Abélards, ne serait-ce que pour avoir traité saint Bernard de faux apôtre. Malheureusement, les normes françaises selon lesquelles, dans notre ignorance, nous devons la juger, supposent qu'elle ne philosopha que pour l'amour d'Abélard, tandis qu'Abélard lui enseignait la philosophie, moins parce qu'il croyait en la philosophie ou en elle, que parce qu'il croyait en lui. Aujourd'hui encore Abélard reste un problème aussi déconcertant qu'il doit l'avoir été pour Héloïse, et presque aussi fascinant. De même que le portail occidental de Chartres est la porte par laquelle il est nécessaire d'entrer dans l'architecture gothique du XIIᵉ siècle, de même aussi Abélard est le portail d'accès à la pensée gothique et à la philosophie qu'elle contient. Ni cet art ni cette pensée n'ont d'équivalents modernes : Héloïse seule, comme Yseult, unit les âges [1]. »

Pour une femme réelle, devenir aussi réelle qu'un mythe, quel plus éclatant triomphe ? Qu'Héloïse ait été tout cela, les preuves ne nous en ont pas manqué et nul, je pense, n'en réclamerait davantage. Pourtant, ce qu'il nous reste à voir est essentiellement autre que ce que nous avons vu jusqu'ici. Car il ne s'agira plus désormais de la jeune fille savante séduite par le grand homme, mais de l'abbesse du Paraclet. Lorsque nous lisons ses lettres, nous entendons la voix d'une femme, jeune encore certes, mais à qui pourtant on n'a pas craint de confier déjà les hautes charges spirituelles de prieure et d'abbesse dans deux monastères bénédictins. Or ce qui frappe immédiatement l'esprit à la lecture de cette correspondance, c'est, avec l'omniprésence d'Abélard qui encombre les lettres d'Héloïse, l'absence totale de Dieu. Ce n'est même pas assez dire, car Dieu n'est pas simplement absent de ces lettres, il en est continuellement expulsé. Comment expliquer une telle attitude ?

Nous tenons de lui-même que, lorsque Abélard avait cherché refuge dans la vie monastique, ni ferveur ni vocation religieuses n'avaient sérieusement pesé sur sa décision.

---

1. H. Adams, *Mont-Saint-Michel and Chartres*, Houghton Mifflin Cᵒ, Boston-New York, 1933, pp. 283-284. Le premier copyright de cette œuvre divinatoire date de 1905.

Il n'obéissait en cela ni à l'appel de Dieu, ni à quelque exigence d'Héloïse ; il voulait cacher sa honte, et c'était à peu près tout. L'entrée d'Héloïse en religion, si pareille du dehors à celle d'Abélard, en différait pourtant profondément. Certes, elle non plus n'obéissait à aucune vocation intérieure, mais elle déférait aux ordres d'Abélard. Elle lui avait jadis offert d'être sa concubine, il avait préféré qu'elle fût sa femme : elle l'était donc devenue. Il voulait à présent qu'elle se fît religieuse, Héloïse acceptait de le devenir, simplement parce que c'était une nouvelle marque d'amour qu'il attendait d'elle et qu'elle n'en avait aucune à lui refuser. Cette fois encore, son sacrifice fut immédiat et sans réserves ni dans la pensée ni dans l'acte. Elle y avait d'autant plus de mérite que, comme s'il ne l'avait pas jugé assez dur, Abélard avait trouvé moyen de le rendre odieux. Non content d'exiger qu'elle entrât en religion, il voulut qu'elle y entrât la première. Il n'était donc pas encore sûr d'elle ! Elle le fit et accepta de lui cet outrage qu'elle ne devait pourtant jamais oublier.

Sur ce point important, comme d'ailleurs sur tous les autres, le témoignage d'Abélard et celui d'Héloïse sont totalement d'accord. *Illa tamen prius ad imperium nostrum sponte velata*, dit Abélard, ce qui signifie qu'avant que lui-même n'entrât à Saint-Denis, Héloïse avait consenti *d'elle-même* à prendre le voile *sur son ordre*. Plusieurs, ajoute-t-il, tentèrent vainement de l'effrayer en lui dépeignant la règle monastique comme un joug trop lourd à porter pour sa jeunesse. Ce fut en vain. Leur compassion ne put faire mollir la volonté d'Héloïse : « mêlée de larmes et de sanglots, la plainte de Cornélie s'échappait à mots entrecoupés de sa bouche : « Illustre époux, toi dont mon lit n'était pas digne, voilà donc quel droit le sort avait sur ton auguste tête ? Par quelle impiété t'ai-je épousé, si je devais te rendre misérable ? Accepte aujourd'hui mon expiation, car c'est de moi-même que je te l'offre [1]. » En disant ces mots — *in his verbis* — « elle se hâta vers l'autel, y prit sans hésiter le voile béni par l'évêque et se consacra publiquement à la vie religieuse [2]. » Au moment où se déroulait cette scène, Héloïse devait être âgée d'à peine vingt ans.

Le récit d'Abélard est pour nous d'une importance capitale, car tous ses mots portent. L'apparente contradiction de sa première phrase est elle-même significative : c'est *sur l'ordre* d'Abélard qu'Héloïse prit *spontanément* le voile ; car puisque Abélard commandait, elle n'hésiterait pas un instant à obéir, mais elle obéissait à l'ordre d'Abélard pour des raisons qui n'étaient qu'à elle. Héloïse ne connaissait que trop les motifs de la décision qu'Abélard avait prise ; nous y reviendrons, et l'on verra qu'ils ne lui font pas grand honneur. Or, en imposant à Héloïse d'entrer en religion, Abélard lui volait la seule consolation qui lui restât : l'expiation du crime qu'elle avait commis en l'épousant. Ainsi, Héloïse accepte l'ordre d'Abélard, mais c'est pour un motif exclusivement personnel qu'elle fera ce qu'il exige et l'acte qu'il obtient d'elle n'aura d'autre sens que celui qu'elle-même voudra bien lui donner. Or ce sens n'a aucun caractère religieux. Les vers de la *Pharsale* de Lucain, qu'elle balbutie en courant à l'autel, sont trop expressifs pour qu'on puisse se méprendre sur la valeur exacte qu'Héloïse attribuait à son acte. Il y aurait quelque naïveté à croire qu'elle ait pu réellement prononcer ces vers, s'il n'était encore plus naïf d'en douter, car elle était une lettrée, et ils expriment si parfaitement ses intentions qu'on se demanderait plutôt si ce ne sont pas eux qui les ont suggérées. L'idée de renoncer au monde, non pour Dieu, ni même pour expier les fautes commises contre Dieu, mais pour Abélard et pour expier

1. Lucain, *Pharsale*, lib. VIII, v. 94-96.
2. Abélard, *Hist. calamit.*, cap. VIII ; Pat. lat., t. 178, col. 136.

le crime qu'elle a commis contre Abélard, témoigne assurément chez Héloïse d'une indifférence singulière au sens chrétien de l'acte qu'elle accomplit, mais si le sentiment qui la
guide n'est guère chrétien, il est pleinement romain et nullement indigne de Cornélie à qui elle en emprunte l'expression. S'il faut en croire les indications d'Abélard, Héloïse ne
comprit sa profession religieuse que comme un sacrifice
d'expiation au héros dont elle avait causé la ruine en l'épousant.

Or il faut l'en croire, car ce qu'Abélard suggère d'une
manière aussi précise que discrète, Héloïse l'affirmera plus
tard avec la force et l'insistance dont elle était capable lorsqu'il s'agissait pour elle d'interdire toute équivoque sur la
« pureté » des sentiments qui l'animaient. « Cum ad *tuam*
statim jussionem tam habitum ipsa quam animum immuta-
rem, ut te tam corporis mei quam animi *unicum* possessorem
ostenderem » (col. 184 D). Puisque Abélard est *l'unique* possesseur de l'âme d'Héloïse, Dieu n'a donc *aucune* part dans
cette profession religieuse. — « Quam quidem juvenculam
ad monasticae conversationis asperitatem *non religionis devotio*, sed *tua tantum* pertraxit *jussio* » (col. 186 C). C'est
donc *uniquement* l'ordre d'Abélard, et *aucunement* une piété
religieuse quelconque, qui a décidé cette prise de voile. Et
comme si de telles formules n'étaient pas encore assez claires,
Héloïse va jusqu'à préciser que Dieu ne lui doit aucune
récompense pour ce qu'elle a fait, parce que, depuis son
entrée en religion elle n'a encore *rien* fait par amour pour
lui : *Nulla mihi super hoc merces exspectanda est a Deo, cujus
adhuc amore nihil me constat egisse* (col. 186 D). Ce n'est
donc pas pour Dieu que l'abbesse du Paraclet travaille, mais
pour Abélard, car de même que lui seul peut la faire souffrir, *lui seul* peut la consoler : *Solus quippe es qui me con-
tristare, qui me laetificare, seu consolari valeas* (col. 184 C).
Comment Abélard a-t-il pu douter un instant d'elle, qui,

sur un mot de lui, l'a précédé lorsqu'il allait à Dieu ? Ce
cruel manque de confiance l'a remplie de tant de douleur
et de honte, qu'au seul souvenir de cet affront, Héloïse
éclate en déclarations passionnées. Le suivre au couvent, ou
même l'y précéder, qu'était-ce donc pour elle ? « Moi, Dieu
le sait, je n'aurais pas hésité à te suivre ou à te précéder
en enfer *(ad Vulcania loca)* si tu m'en avais donné l'ordre.
Ce n'est pas avec moi qu'était mon cœur, mais avec toi.
Et maintenant encore, et plus que jamais, s'il n'est pas
avec toi, il n'est nulle part, car il lui est impossible d'être
sans toi. Aussi, je t'en prie, fais qu'il soit heureux avec toi.
Et il sera heureux avec toi s'il te trouve propice, si tu lui
rends grâce pour grâce, de petites choses pour des grandes,
des mots pour des choses... Souviens-toi, je t'en prie, de ce
que j'ai fait, et pèse ce que tu me dois. Lorsque je jouissais
avec toi des voluptés charnelles *(libido)*, beaucoup se de-
mandaient pourquoi je le faisais, par concupiscence, ou par
amour ? Mais à présent, la manière dont je finis montre de
quelle façon j'ai commencé, puisque j'ai fini par m'interdire
toutes les voluptés afin d'obéir à ta volonté. Je ne me suis
rien réservé, que de devenir tienne avant tout, comme je
la suis maintenant [1]. »

De telles paroles sont trop claires pour qu'aucune méprise
sur la nature vraie des sentiments d'Héloïse soit possible.
Le xviie siècle connaîtra des femmes prêtes à subir l'enfer
pour l'amour de Dieu, mais, pour descendre chez Vulcain,
il suffit à Héloïse d'aimer Abélard. Cet homme parle, et sa
servante écoute. Jadis, sur un seul mot de lui, elle s'était
jetée dans les voluptés charnelles les plus ardentes ; aujour-
d'hui, sur un autre mot de lui, elle s'est condamnée aux
rigueurs de la vie monastique. Et non seulement elle le
pense, mais elle le lui écrit, parce quelle veut qu'il le sache,

---

1. HÉLOÏSE, *Epist. II* ; Pat. lat., t. 178, col. 186-187.

et il faut qu'Abélard le sache pour qu'il n'aille pas croire qu'Héloïse ait trouvé dans le cloître le calme, la paix et les consolations de l'amour divin. Car c'est sans doute parce qu'il le croit, qu'Abélard l'abandonne. Qu'il le sache donc, ce n'est aucunement pour Dieu, c'est pour lui seul qu'elle est au cloître. Là ou ailleurs, qu'importe ? Elle se damnerait aussi bien s'il le voulait ; du moins, qu'Abélard le comprenne enfin et le sache, elle s'est faite religieuse exactement pour la même raison et dans la même intention profonde qu'elle était devenue sa maîtresse. Ce que d'autres appellent se donner à Dieu n'avait été pour elle qu'une autre manière de se donner à lui.

Il fallait en venir à ces précisions pour comprendre la détresse affreuse qui s'exprime dans la première lettre d'Héloïse ; c'est littéralement la détresse de l'adoratrice délaissée par son dieu. La comparaison n'est pas trop forte, car bien qu'Héloïse n'ait jamais osé l'écrire, elle ne cesse de la suggérer. La moindre parcelle d'amour de Dieu, semble-t-il, serait pour elle autant de volé à l'amour exclusif qu'elle a voué pour toujours à Abélard et qu'elle lui a totalement réservé. Consterné des sentiments qu'elle exprime, Abélard va tenter l'impossible pour l'amener à y renoncer. Peine entièrement perdue. Non seulement Dieu, mais Abélard lui-même n'obtiendra jamais d'Héloïse qu'elle renie si peu que ce soit cette passion qui fait le tout de sa vie. A moins que ce ne soit pour l'accabler de reproches, Héloïse ne parle de Dieu que pour le prendre à témoin qu'elle ne pense pas d'abord à lui, ne fait rien d'abord pour lui et n'espère d'abord rien de lui : « En quelque état que se trouve ma vie, Dieu le sait, je crains encore plus de t'offenser que d'offenser Dieu ; c'est à toi, plus qu'à lui, que je désire plaire ; ce n'est pas par amour de Dieu, mais sur ton ordre, que je suis entrée

en religion [1]. » Abélard a tout obtenu d'Héloïse, sauf qu'elle
fît semblant d'aimer Dieu un peu plus que lui.

Mais il fallait aussi pousser jusque-là, pour découvrir le
sens pleins de certaines expressions dont use Héloïse en parlant de sa prise de voile. Abélard lui-même, dans les quelques
lignes saisissantes qu'il consacre à cette scène, a pris soin
de rendre l'emportement tragique avec lequel Héloïse avait
accompli son sacrifice ; *mox properat, confestim velum tulit* :
il est clair que cette religieuse s'est jetée dans le cloître
avec passion. C'est qu'en effet, jamais, à aucun moment de
sa vie, elle ne s'est plus passionnément donnée à Abélard.
Jadis, sur un mot de lui, elle avait accepté de se perdre
pour lui plaire, mais ce n'était encore là que de l'amour,
puisque Abélard ne lui demandait alors que ce qu'elle désirait elle-même. Son entrée en religion avait été bien autre
chose ; ce n'était plus de l'amour, mais de la folie, car dans
l'excès de son amour même, elle s'était alors séparée pour
toujours du seul être qu'elle aimait [2]. Ce ne sont pas là de
simples formules, mais l'expression la plus nue qui se puisse
concevoir des sentiments les plus vrais et des faits les moins
contestables. Car enfin, si l'on ne veut pas admettre que la
prise de voile d'Héloïse ait été pour elle le plus tendre et
le plus passionné des sacrifices qu'elle ait jamais faits à
l'amour d'Abélard, quel sens imagine-t-on qu'elle ait pu lui
donner ?

Il est vrai qu'Abélard commandait, mais aucune loi divine
ou humaine ne lui faisait un devoir d'obéir. La mutilation
d'Abélard, la décision qu'il avait prise de cacher sa honte
dans un cloître n'étaient en rien pour Héloïse l'équivalent
d'une vocation religieuse dont, quinze ans plus tard, l'abbesse
du Paraclet se sentira encore dépourvue. La seule chose

1. Héloïse, *Epist. IV* ; Pat. lat., t. 178, col. 198 CD.
2. Héloïse, *Epist. II* ; Pat. lat., t. 178, col. 184 D.

qu'elle désirât vraiment — *quod solum appetebat* —, nous savons ce que c'est, puisque c'est cela même qu'elle va sacrifier, c'est Abélard, qu'elle aime plus que jamais dans sa ruine et dont pas un instant elle ne songe à se séparer. Qu'importent les voluptés perdues ? Elle l'a assez dit, ce ne sont pas leurs voluptés qu'elle aimait en lui, c'est lui seul qu'elle aimait dans leurs voluptés. Abélard lui reste, et c'est assez pour qu'une longue vie de bonheur lui soit encore possible à ses côtés. Or ce bonheur qu'elle tenait encore, Abélard ne pouvait l'en priver sans son consentement exprès. Qu'Héloïse refusât d'entrer en religion, Abélard lui-même ne pouvait pas y entrer. Il était son mari, elle était sa femme et, même sans parler de l'enfant dont il n'est guère question dans cette affaire, l'indissoluble lien du mariage qui les avait unis ne pouvait être rompu que du consentement mutuel des époux. Que l'on se représente, après cela, ce qu'il fallait à Héloïse d'esprit de sacrifice pour prendre le voile la première et pour sacrifier, par amour pur, ce qui lui restait d'un amour auquel elle avait déjà sacrifié tout le reste.

Lorsqu'on suit Héloïse jusqu'à ce point, le plus profond où elle nous ait permis de descendre en sa conscience, ce que les déclarations que nous l'avons entendue faire auraient autrement de cynique et de presque blasphématoire, se trouve racheté par une vérité et par une simple droiture qui, pour n'être qu'humaines, n'en sont pas moins une droiture et une vérité. Ici, plus que jamais, on voit combien lire l'histoire vaut mieux que l'imaginer. Que dit, en somme, Héloïse ? Qu'elle est entrée en religion sans vocation religieuse ? C'était vrai. Qu'au moment où elle écrivait ses lettres, cette vocation ne lui était pas encore venue ? Elle le pensait du moins, et c'était peut-être vrai [1]. Que, même

---

1. Ces formules dubitatives tiennent à ce que, pour résoudre la question, il faudrait sortir de l'histoire pour entrer dans la psychologie de la vocation religieuse. Au problème ainsi posé, il n'y aurait pas de réponse *historique*,

abbesse du Paraclet, elle n'avait jamais trouvé la force d'aimer Dieu par-dessus toutes choses, puisqu'elle en exceptait encore Abélard ? Combien peut-être elle était plus près de la charité divine que tant d'autres qui lui préfèrent beaucoup moins qu'Abélard, ou qui ne se souviennent même plus quel est le premier et le plus grand commandement !

Les historiens d'Héloïse ne devraient jamais oublier cet avertissement, que sainte Thérèse d'Avila semble avoir écrit à leur intention : « Je vous trouve étonnant de venir me déclarer que vous sauriez ce qu'est cette demoiselle rien qu'en la voyant. Nous ne sommes pas très faciles à connaître, nous autres femmes. Quand vous les avez confessées durant plusieurs années, vous vous étonnez vous-même de les avoir si peu comprises ; c'est qu'elles ne se rendent pas un compte exact d'elles-mêmes pour exposer leurs fautes et que vous les jugez seulement d'après ce qu'elles vous disent. » Que fut donc exactement la vie spirituelle d'Héloïse ? Puisqu'elle-même ne l'a peut-être jamais su, j'accorde volontiers que nous ne le saurons jamais ; du moins reste-t-il vrai de dire que les confidences d'Héloïse ne sont pas celles d'une religieuse déchue de sa vocation ou rebelle à l'appel divin qui la presse, mais les plaintes d'une simple femme, que la volonté despotique de l'homme qu'elle aime met aux prises avec ce problème insoluble : trouver, dans la passion même que cet homme lui inspire, les forces requises pour une vie de sacrifices qui n'a de sens, et n'est même possible, que sur le plan de l'amour divin. Tel est le drame où se débat

mais les faits mêmes le posent. Héloïse a cru qu'aimer Dieu eût été l'aimer comme elle aimait Abélard ; elle semble avoir aussi pensé que la vocation religieuse faisait du couvent un lieu de délectations spirituelles. Ceux qui voudront se faire une idée de la complexité de ces questions liront avec fruit ce document sans prix : P. BRUNO DE J.-M., *Témoignages de l'expérience mystique nocturne*, dans *Etudes Carmélitaines*, 22ᵉ année, vol. II, oct. 1937, pp. 237-301. Le texte de sainte Thérèse que nous citons est l'épigraphe de ce remarquable travail.

l'abbesse du Paraclet ; rien n'est plus poignant que cette misère spirituelle, si lucide et si cruelle contre soi qu'elle préfère la souffrance au mensonge, s'il lui faut mentir pour s'oublier.

L'appel désespéré d'Héloïse à Abélard est donc beaucoup plus que la protestation d'une amoureuse délaissée ; c'était le cri de détresse de l'abbesse, appelant au secours le seul à l'appel de qui elle fût entrée en religion. L'eût-elle jadis voulu, elle n'aurait pu répondre à un appel divin qui ne se faisait pas entendre ; il n'avait donc pas même dépendu d'elle de faire pour Dieu ce sacrifice : Dieu ne le lui avait pas demandé. N'ayant rien pu faire pour mériter de lui la grâce d'une vie de perfection. elle croyait n'avoir rien non plus à en attendre. Mais Abélard, lui, avait tout exigé d'elle, jusqu'à l'acceptation de ce fardeau si lourd qu'elle ne se sentait pas la grâce de porter. N'était-ce pas à lui de la secourir, de la diriger, de la soutenir de sa science et de sa force ? N'avait-il pas le devoir strict de l'aider à porter la charge dont lui seul, et non pas Dieu, avait décidé qu'elle devait la porter ?

Relire de ce point de vue les lettres d'Héloïse, ce n'est pas seulement comprendre la nature exacte de l'absence de Dieu dont elles souffrent, c'est aussi voir sous leur jour vrai tant de détails singuliers qu'elles contiennent et qu'il serait difficile de comprendre sous un autre. Si Dieu n'est pas là, ce n'est pas qu'elle se refuse à lui, c'est lui qui se refuse à elle. Héloïse le croit du moins, et c'est pourquoi, dans une humilité religieuse totale dont elle seule semble ignorer le prix, elle s'impose les austérités les plus dures sans penser un seul moment que Dieu lui en imputera jamais le mérite [1].

---

1. A part Abélard qui, loin de désespérer d'Héloïse, a lié son salut à celui de celle qui l'aimait, nous avons sur elle les lettres de Pierre le Vénérable, une surtout, chef-d'œuvre de délicatesse et de beauté spirituelles. Pierre semble avoir été mis sur le chemin d'Héloïse et d'Abélard pour les consoler d'avoir

Ce n'est peut-être pas par hasard que son acceptation du cloître la fait penser à l'acceptation de l'enfer, car la vie monastique sans consolations divines, qu'elle mène avec une volonté inflexible, n'est rien d'autre à ses yeux qu'un châtiment. Or, par un redoublement de misère, mais toujours pour la même cause, cette religieuse, qui n'espère acquérir aucun mérite, ne se sent pas même capable d'expier. Héloïse n'a pris le voile que pour Abélard, et puisque c'est l'intention seule qui compte, pas un seul des sacrifices qu'elle endure n'est une expiation devant Dieu, chacun d'eux n'est qu'un sacrifice à Abélard.

Les reproches à Dieu dans lesquels elle s'obstine n'ont pas d'autre cause, ils ne deviennent intelligibles que si l'on y voit l'expression de la misère spirituelle dont elle est affligée. On peut dire que, du commencement à la fin de leur vie commune, Abélard aura conduit Héloïse de situations impossibles en situations impossibles : de la fornication au mariage secret, du mariage secret à une prise de voile sans vocation, de la profession monastique aux responsabilités de l'abbesse et à une vie de pénitence dont elle n'a que le sacrifice sans la pénitence. Expier pour la mutilation d'Abélard dont leur mariage fut la cause, cela, elle peut le faire : *utinam hujus praecipue commissi dignam agere valeam poenitentiam* ; Héloïse ne reculera pas pour cela devant une longue

---

rencontré saint Bernard. Car Bernard était un incomparable maître pour des saints, mais Pierre était un incomparable guide pour des pécheurs. On ne peut se dispenser pour connaître cette haute figure et l'aimer comme elle mérite de l'être, de lire son *Epist. XXVIII*, Pat. lat., t. 189, col. 347 et suiv. Son admiration pour Héloïse y est partout évidente. On a suggéré qu'il voulait la flatter. Pourquoi l'eût-il fait ? Je l'ignore. Il l'admirait, tout simplement. Pierre le Vénérable n'était pas un naïf. Il n'eût pas déploré, comme il fait, que l'abbesse du Paraclet ne fût pas à Cluny, s'il ne l'eût tenue pour une abbesse admirable. Venant de l'homme qui n'a pas voulu recueillir Abélard sans qu'il eût fait sa paix avec saint Bernard, dont l'un et l'autre avaient à se plaindre, un tel témoignage donne à réfléchir. Voir plus loin, ch. VII, pp. 136-137.

vie de contrition pénitente : *ut poenae illi tuae vulneris illati ex longa saltem poenitentiae contritione vicem quoquo modo recompensare queam*. Elle accepte sans réserves ce châtiment de son crime et l'on imaginerait à tort qu'elle ait jamais eu la moindre pensée de révolte contre l'état de vie monastique où elle se trouvait. Pour expier les quelques heures de douleur qu'Abélard avait vécues [1], ce n'était pas trop d'une vie de contrition : *et quod tu ad horam in corpore pertulisti, ego in omni vita, ut justum est, in contritione mentis suscipiam, et hoc tibi saltem modo, si non Deo, satisfaciam* [2]. Ce dont elle se plaint, c'est précisément, faisant pénitence pour Abélard, de ne pas faire aussi pénitence pour Dieu.

Toujours précise et positive, Héloïse indique les deux raisons principales qui rendaient impossible que ses pires mortifications devinssent des pénitences. Premièrement, elle n'a jamais accepté le coup terrible dont Dieu les a frappés. C'est là la « plainte antique et obstinée », la invétérée récrimination dont elle fatiguait Abélard. Héloïse n'a jamais admis qu'après les avoir épargnés tandis qu'ils menaient une vie de fornication, Dieu les eût si cruellement châtiés après leur mariage. Leur vie de désordres avait été redressée par le sacrement ; or, ajoute-t-elle, ce châtiment que l'on jugerait suffisant pour punir le crime d'adultère, c'est à cause de ce mariage par lequel tu réparais tes torts envers tous, que tu en fus si rudement frappé. Ce que les femmes adultères attirent sur leurs amants, c'est ta propre épouse qui te l'a valu. Bien plus, ce n'est même pas lorsque nous jouissions des joies du mariage, que tu fus ainsi châtié. Momentanément séparés, nous vivions dans la chasteté, toi à Paris, où tu dirigeais les écoles, moi à Argenteuil où, sur ton ordre, je partagerais la vie des religieuses. Ainsi, c'est lorsque nous

---

1. C'est pourquoi comme on l'a vu, Abélard a cru devoir préciser que, dans son cas, la douleur n'avait pas été si terrible. — Cf. p. 59, note 2.
2. Héloïse, *Epist. IV* ; Pat. lat., t. 178, col. 196 AB.

nous étions séparés l'un de l'autre, toi pour te consacrer
avec plus de zèle à tes écoles, moi pour vaquer plus librement à la prière ou à la méditation des Saintes Écritures ;
c'est au moment où notre vie devenait d'autant plus sainte
qu'elle était plus chaste, que tu as expié seul dans ton corps
ce que nous avions été deux à commettre. Bref, en s'humiliant au point de l'épouser, Abélard avait si pleinement
réparé ses torts, que même la justice de Dieu aurait dû
l'épargner [1]. Dieu ne l'a pas voulu pourtant et c'est ce
qu'Héloïse ne peut se résoudre à lui pardonner. Comment,
dès lors, ferait-elle pénitence pour avoir attiré sur Abélard
un châtiment divin qu'elle-même déclare injuste ? Ce n'est
pas elle, c'est la cruauté suprême de Dieu qui en est responsable [2]. Tant qu'elle est dans ce sentiment, Héloïse sait bien
qu'elle offense Dieu en se révoltant ainsi contre sa providence : elle ne peut expier devant Dieu la ruine d'Abélard,
qu'elle a causée, tant qu'elle n'admet pas la justice du coup
dont Abélard et elle ont été frappés.

Ce n'est pas tout. Comment Héloïse ferait-elle pénitence,
même pour les plaisirs coupables d'autrefois, alors que
l'abbesse du Paraclet ne cesse pas de les désirer ? Confesser
ses fautes est facile ; mortifier son corps pour lui infliger
une pénitence extérieure est également facile. Le plus difficile de tout, c'est d'arracher de son cœur le désir des su-
prêmes voluptés [3]. Or, nous l'avons vu, celles de ces deux
amants furent telles, si douces, dit Héloïse, qu'elle ne peut
ni les détester, ni les chasser sans effort de sa mémoire :
quae cum ingemiscere debeam de commissis, suspiro potius

---

1. Héloïse, *Epist. IV* ; Pat. lat., t. 178, col. 194 D-195 A. — On obser-
vera que, si le mariage d'Abélard avait été illégitime, toute cette argumentation d'Héloïse serait absurde, et Abélard n'aurait pas manqué de le lui faire
observer.
2. *Op. cit.*, vol. 196 B.
3. *Op. cit.*, col. 196 B.

de amissis [1]. Au lieu de gémir sur ce qu'elle a commis, elle soupire plutôt de ce qu'elle a perdu. Qui délivrera Héloïse de ce corps de mort ? Et combien Dieu n'en a-t-il pas usé plus miséricordieusement avec Abélard ! Comme un médecin fidèle, il n'a pas craint de le faire souffrir pour le sauver. Jamais Dieu ne lui fut plus propice que lorsqu'il semblait le traiter en impitoyable ennemi. Mais Héloïse est jeune, l'ardeur des désirs de la jeunesse et l'expérience des voluptés les plus tendres accablent un cœur trop faible pour leur résister. On vante sa chasteté, la rigueur de ses austérités, l'exemplaire dignité de sa vie religieuse ? Tout cela n'est que dans les actes, qui ne comptent pas, non dans l'intention, qui seule compte : « ils disent que je suis chaste, parce qu'ils n'ont pas découvert que je suis hypocrite [2]. » Les hommes voient ce qu'elle fait, ils ne peuvent voir ce qu'elle pense ; mais Dieu le voit, lui qui sonde les reins et les cœurs. Certes, c'est déjà quelque chose de ne pas faire le mal et avec quelque intention qu'on s'y efforce, d'éviter le scandale dans l'Église. Il faut sans doute à cela quelque grâce. Mais éviter le mal ne suffit pas, il faut aussi faire le bien. Or on ne fait de bien que ce que l'on fait par amour de Dieu, et Héloïse ne fait rien que pour l'amour d'Abélard. C'est pour lui plaire qu'elle s'est imposé cette vie ; c'est pour lui qu'elle la supporte. Tout le monde, et Abélard le premier, s'y laisse prendre ; tout le monde, sauf Dieu, prend cette hypocrisie pour de la religion : *diu te, sicut multos, simulatio mea fefellit, ut religioni deputares hypocrisin*, Ainsi, cette vie de misère, dont Dieu ne lui tiendra nul compte parce que ce n'est pas pour lui qu'elle la mène, il faudra donc qu'elle la mène seule, puisque Abélard se trompe sur elle

---

1. HÉLOÏSE, *Epist. IV* ; Pat. lat., t. 178, col. 196.
2. Cf. « ...quia nihil prosit carnem habere virginem, si mente nupserit ». Saint JÉRÔME, *De perp. virgini . B. Mariae*, 20 ; Pat. lat., t. 23, col 214 A.

au point de l'abandonner à elle-même et qu'au lieu de prier pour elle, il demande à Héloïse de prier pour lui [1].

Pour exprimer en une phrase le sens secret de cette plainte passionnée, il faudrait sans doute dire que l'absence de Dieu dont souffre si cruellement Héloïse lui rend plus cruelle encore, et plus impardonnable, l'absence d'Abélard. Car il est juste que Dieu, pour qui elle ne fait rien, la délaisse ; mais il est souverainement injuste qu'Abélard la délaisse, elle qui fait tout pour lui. Tels sont les derniers sentiments personnels qu'Héloïse nous ait confiés, et rien, pas une ligne d'elle, ne nous autorise à penser qu'elle en ait changé dans la suite. Pressée par Abélard de prendre envers Dieu une attitude plus conforme à son état, elle adoptera le parti de parler d'autre chose, ou plutôt d'écrire sur autre chose, car si Abélard était là, il lui serait impossible de ne pas recommencer. Héloïse se taira donc, mais pour le même motif qui a commandé tous ses actes, par obéissance : *ne me forte in aliquo de inobedientia causari queas* [2]. A partir de ce moment, nous aurons encore une lettre d'elle, pleine de fermeté et de bons sens, sur les conditions auxquelles devrait satisfaire une règle religieuse applicable à des monastères féminins ; puis quarante-deux questions, toutes sèches, sur divers passages de la Sainte Écriture ; ensuite plus rien. Nous ne saurons jamais si le silence qu'elle s'était imposé comme une discipline, et sans autre intention que d'accomplir une fois de plus la volonté d'Abélard, s'est jamais mué en un consentement à la volonté de Dieu. Nous ne le saurons jamais, et il y a peu de raisons, humainement parlant, de penser qu'il en ait été ainsi. La volonté de fer dont a toujours fait preuve Héloïse ne permet guère de croire qu'elle ait fini par trahir la passion dont elle avait

1. *Op. cit.*, col. 197 A-198 D.
2. HÉLOÏSE, *Epist. VI* ; Pat. lat., t. 178, col. 213 A.

tiré sa gloire, et sur laquelle elle a pu faire silence, mais que pas un mot sorti de sa plume n'a jamais reniée.

Rien n'est donc plus droit, en fin de compte, que l'Héloïse de l'histoire, car les complications sans fin où l'analyse de ses sentiments nous engage, tiennent beaucoup moins à elle qu'à la situation dans laquelle elle se trouve. Ce qu'une telle situation avait d'inextricable s'exprime à merveille dans la suscription de sa première lettre : « A son seigneur, ou plutôt, père ; à son mari, ou plutôt, frère ; sa servante, ou plutôt, fille ; sa femme, ou plutôt, sœur ; à Abélard, Héloïse [1]. » Et plus tard : « A son unique après le Christ, celle qui est son unique dans le Christ [2]. » Enfin et surtout l'étonnant et intraduisible raccourci de la dernière lettre que j'ai déjà rapporté : *Domino specialiter, sua singulariter* [3], c'est-à-dire : à Dieu comme religieuse, à toi, comme femme ; car elle appartient au Seigneur comme rentrant dans l'espèce des religieuses, mais comme individu, c'est à Abélard qu'elle appartient. Après une telle suscription, dont le sens était clair pour son professeur de logique, Héloïse peut écrire les lignes où elle s'engage à ne plus jamais parler de ses sentiments. Abélard n'est que trop bien renseigné. Il vient de tenter un effort suprême pour faire comprendre à Héloïse qu'elle est désormais l'épouse du Christ ; mais Héloïse a trouvé moyen de répondre, sans en parler, par la seule suscription de sa lettre : oui, j'appartiens à l'espèce des épouses du Christ, mais il n'y a qu'une seule femme d'Abélard, et c'est moi. Héloïse est une épouse qui, engagée par Abélard dans un état de perfection religieuse dont elle n'a pas la

---

1. Héloïse. *Epist. II* ; Pat. lat., t. 178, col. 181 B.
2. Héloïse, *Epist. IV* ; Pat. lat., t. 178, col. 191 D.
3. Héloïse, *Epist. VI* ; Pat. lat., t. 178, col. 213 A. Sur le sens de cette formule, voir Ch. de Rémusat, *Abélard*, t. I, p. 160. De Rémusat a fort bien traduit par : « à Dieu par l'espèce, à lui comme individu », ce qui veut dire : « La religieuse est à Dieu, la femme est à toi. »

vocation et ne sent pas la grâce, ne dispose que d'un appui naturel pour s'y maintenir : l'amour qu'elle porte à son époux.

Rien d'inconcevable à cela, et rien d'autre même qui soit recevable pour qui s'en tient aux textes tels qu'ils nous sont parvenus. Si c'est bien à cette conclusion que conduit l'histoire, on peut ajouter que l'histoire ne nous conduira jamais plus loin. Mais il se peut que l'histoire nous propose ici un problème qu'elle-même est incapable de résoudre. On ne saurait le mieux formuler que ne l'a fait Ch. de Rémusat, lorsqu'il conclut, comme une évidence historique : « Héloïse se conforma aux volontés d'Abélard et pour lui à tous les devoirs de son état. Sous la déférence de la religieuse, elle cacha le dévouement de la femme... Mais inconsolable et indomptée, elle obéit et ne se soumit pas ; elle accepta tous ses devoirs, sans en faire beaucoup de cas, et son âme n'aima jamais ses vertus [1]. » Pas un mot, dans ce jugement si ferme, qui n'exprime exactement la vérité telle qu'elle ressort des textes ; et pourtant, sans qu'il paraisse s'en apercevoir, quel redoutable problème de Rémusat ne soulève-t-il pas en formulant ces évidences ! Car si ces mots ont un sens, ils signifient qu'Héloïse mena quarante ans d'une vie religieuse irréprochable sans en avoir reçu la grâce, et quarante ans d'une vie de pénitence des plus rudes sans croire à son efficacité religieuse [2]. Abélard lui-même a refusé de croire que tels fussent vraiment les sentiments d'Héloïse, et l'on conçoit assez qu'il l'ait fait : la responsabilité de cette affreuse tragédie était trop lourde à porter pour qu'il n'ait pas eu le désir d'en nier l'existence. Peut-être n'avait-il pas

1. Ch. DE RÉMUSAT, Abélard, t. I, p. 160.
2. Sur la vie que l'on menait au Paraclet, voir les documents si simples et si émouvants publiés dans Pat. lat., t. 178, col. 313 C-317 A. On a attribué ces lignes à Héloïse ; mais cette attribution est incertaine et c'est pourquoi, à regret, je n'ai pas fait usage de ce texte si suggestif.

entièrement tort. Il a donc accusé Héloïse de coquetterie.
Le cœur humain est complexe et le sentiment le plus tragiquement sincère peut s'y accompagner de beaucoup d'autres
qui le sont moins. Qu'Héloïse ait voulu proclamer au monde
sa misère était déjà un peu moins pur que de la supporter
en silence. Qu'elle y ait trouvé une sorte d'amère volupté
ne serait pas chose impossible. Qu'elle se soit complue dans
son malheur comme dans son plus sûr titre de gloire et que
cette complaisance même en ait entretenu l'amertume, ce
sont là choses à peu près certaines ; mais, quand tout cela
serait prouvé, il n'en résulterait aucunement que les sentiments dont elle se fit gloire n'aient pas été vraiment les
siens, ni que leur profondeur n'ait pas égalé leur sincérité.
Nul ne peut se flatter de scruter les consciences et Héloïse
elle-même n'a pas tout su de son propre cas ; elle ne s'est
du moins jamais démentie, et si elle-même n'a pas tout su,
nous ne saurions, sans ridicule, prétendre en savoir davantage. Que son cas nous semble mystérieux ou non, nous
n'avons rien d'autre à faire que de l'accepter tel qu'il est.

Chapitre VII

LA FIN

C'en est fait de ce dialogue inoubliable et ces deux grands cœurs ont fini de se faire souffrir. Tout se perd désormais pour nous dans un vide que notre imagination tenterait vainement de combler. Plus on étudie de près leurs lettres, plus on se convainc que de tels interlocuteurs sont irremplaçables. Si l'un d'eux a inventé les lettres de l'autre, si quelque auteur inconnu a mis son œuvre sous les noms des deux amants célèbres, on peut assurer sans crainte d'erreur que ce faussaire de génie fut un des créateurs les plus puissants qu'aucune littérature ait jamais connus. Pas plus qu'Héloïse et Abélard, nous ne saurions le remplacer lui-même. Il ne nous resterait donc rien à dire, si Pierre le Vénérable n'apparaissait, à la conclusion de cette histoire, comme le messager de quelque drame antique venant raconter la fin du héros.

Tandis qu'Héloïse se retranche dans ses devoirs d'abbesse, Abélard poursuit la carrière tumultueuse que ne cesse d'inventer pour lui la fatalité de son génie. Il est de ceux qu'un infaillible instinct conduit droit aux questions dangereuses et aux réponses provocantes, un aventurier de l'esprit, un découvreur de terres nouvelles qui ne s'engage sur aucune où ne l'invite son instinct de pionnier. Bernard de Clairvaux le suit, le surveille et s'en inquiète, gardien sévère d'une orthodoxie qui ne manque pas non plus du goût de l'aventure, mais la cherche moins dans la raison que dans l'amour. Comment ces deux hommes ne se fussent-ils pas durement heurtés ? Abélard va de l'avant, entraîné par l'élan de l'intelligence la plus ouverte et la plus imprudemment généreuse ; Bernard s'effraie de cette agitation qui lui semble sans règle et dont la source est si totalement étrangère à sa propre nature, qu'il la voit partout où elle n'est pas. Nulle éloquence, nulle dialectique ne peuvent prévaloir contre la dure intransigeance du saint dans cette bataille menée pour ce qu'il y avait à ses yeux de plus sacré. Les témérités doctrinales d'Abélard furent enfin condamnées au Concile de Sens. Après 1141, celui que son adversaire avait nommé Goliath n'était plus qu'un géant abattu, blessé à mort, bien qu'il parût encore vouloir se relever.

En ces heures cruelles, où devant la condamnation doctrinale qui le frappe, un philosophe chrétien doute pour la première fois s'il doit suivre sa vérité ou son Dieu, Abélard choisit résolument le Christ. Qui sait de quel poids peut avoir pesé sur sa décision la présence muette de la tendre et dure abbesse, qui suivait de loin le Concile dans une angoisse facile à deviner ? Une fois de plus elle était au cœur du drame. L'abbesse sans vocation devrait-elle ajouter à tant de sacrifices la révélation tardive qu'elle s'était donnée à Dieu pour l'amour d'un homme lui-même rejeté de Dieu ? Abélard va donc témoigner d'abord pour elle et devant elle. Vaincu, c'est à cette épouse, à cette sœur qu'il pense et qu'il s'adresse. Dans une dernière lettre, qui n'aura point de réponse et qui n'en attendait sans doute aucune, Abélard rédige pour elle la profession de foi que Bernard de Clairvaux n'avait pas obtenue de lui, le plus haut témoignage, pour qui sait lire, qu'Héloïse ait jamais reçu de son amour et de son respect. Le voici.

« Héloïse, ma sœur, jadis si chère dans le siècle, aujourd'hui plus chère encore en Jésus-Christ, la logique m'a valu la haine du monde. Ils disent en effet, ces pervertisseurs pervers dont la sagesse est perdition, que je suis un grand logicien, mais que je ne me fourvoie pas médiocrement dans saint Paul. Reconnaissant la pénétration de mon génie, ils me refusent la pureté de la foi chrétienne. En quoi, ce me semble, ils jugent en gens égarés par l'opinion plutôt qu'instruits par l'expérience.

Je ne veux pas être philosophe, s'il faut pour cela me révolter contre Paul. Je ne veux pas être Aristote, s'il faut pour cela me séparer du Christ, *car il n'y a pas sous le ciel d'autre nom que le sien, en qui je doive trouver mon salut* (*Act.*, 9. 12). J'adore le Christ régnant à la droite du Père. Je l'étreins des bras de la foi, lorsqu'il opère divinement des œuvres glorieuses dans une chair virginale née du Paraclet. Et pour que toute inquiète sollicitude, pour que toute hésitation soit bannie du cœur qui bat dans ton sein, je veux que tu le tiennes de moi : J'ai fondé ma conscience sur cette pierre sur laquelle le Christ a édifié son Église. Voici, en peu de mots, l'inscription qu'elle porte.

Je crois au Père, au Fils et au Saint-Esprit, Dieu un par nature, le vrai Dieu en qui la Trinité des personnes ne porte aucune atteinte à l'unité de substance. Je crois que le Fils est égal au Père en tout, en éternité, en puissance, en volonté et en opération. Je n'écoute point Arius qui, mu par un esprit pervers, ou plutôt séduit par un esprit démoniaque, introduit des degrés dans la Trinité, soutenant que le Père est plus grand et le Fils moins grand, comme s'il oubliait ce précepte de la foi : *Tu ne monteras pas par des degrés à mon autel* (*Exod.* 20, 26). Car c'est monter à l'autel de Dieu par des degrés que mettre de l'avant et de l'après dans la Trinité. J'atteste que le Saint-Esprit est égal et consubstantiel en tout au Père et au Fils, car c'est lui que je désigne souvent dans mes livres du nom de Bonté. Je condamne Sabellius qui, soutenant que la personne du Père est la même que celle du Fils, estima que le Père avait souffert la Passion, d'où le nom des Patripassiens. Je crois aussi que le Fils de Dieu est devenu le Fils de l'Homme, de sorte qu'une seule personne consiste et subsiste en deux natures, lui qui, ayant satisfait à toutes les exigences de l'humaine condition qu'il avait assumée, et jusqu'à la mort même, est ressuscité, et monté au ciel d'où il viendra juger les vivants et les morts. J'affirme enfin que tous les péchés sont remis dans le baptême ; que nous avons besoin de la grâce pour commencer le bien comme pour l'accomplir et que ceux qui ont failli sont reformés par la pénitence. Quant à la résurrection de la chair, est-il besoin d'en parler ? Je me flatterais en vain d'être chrétien, si je ne croyais que je dois ressusciter un jour.

Voilà la foi où je demeure et dont mon espérance tire sa force. Dans ce lieu de salut, je ne crains pas les aboiements de Scylla, je ris du gouffre de Charybde, je ne redoute pas les chants mortels des Sirènes. Vienne la tempête, je n'en serai pas ébranlé ! Les vents pourront souffler sans que je m'émeuve. Je suis fondé sur la pierre ferme. »

Tout ce qu'il fallait dire est dit et pas plus qu'Héloïse, Abélard ne se sera une seule fois démenti. Dans ce testament suprême écrit pour celle qui lui fut « chère dans le monde », il ne renie pas ce qu'avait jadis été leur amour et c'est elle qu'il veut d'abord prendre à témoin de sa foi, à elle qu'il en confie le témoignage, comme mu par l'intime certitude que nul ne saura mieux qu'elle l'accueillir et le garder. Abélard est en sureté dans sa foi, sa foi est en sureté aux mains d'Héloïse. Il lui confie pour toujours cette adhésion sans réserves à la doctrine des Pères, la seule qu'il lui ait été donné de connaître et dont il peut bien avoir quelquefois parlé sans assez de prudence, mais qu'il n'a jamais voulu trahir. Le voici donc qui confesse son *credo*, et c'est celui de tout chrétien, mais puisqu'il est Abélard, il continue de ne pouvoir dire son *credo* comme tout le monde. Le Paraclet et le Bien hantent encore sa mémoire et l'humaniste impénitent ne se résigne pas à conclure cette confession chrétienne si solennelle, écrite en des heures si graves, sans mobiliser une dernière fois les sirènes de l'Énéide. Après tout, on pouvait lui demander de se rétracter, on ne pouvait lui demander de se changer.

Fort de sa conscience. Abélard n'est pas encore certain de s'être trompé. Les pervers qui pervertissent sa pensée n'ont pas encore obtenu de lui l'aveu des erreurs qu'ils lui reprochent. Le vieux lutteur fatigué n'a pas dit son dernier mot, du moins il le croit, car il en appelle à Rome et lorsque enfin, par la voix d'Innocent II, Rome elle-même le condamne, comme hérétique, à garder désormais le silence et livre au feu ses écrits, il se met en route vers la ville Éternelle où il ne désespère pas encore de se faire entendre, peut-être même de se justifier.

Dès qu'on lui pose des questions précises, l'histoire refuse de répondre. On voudrait tout savoir de ce que furent les premières étapes de ce voyage entrepris par un sexagénaire qu'avaient usé tant de luttes. Mais on ne sait rien. De Paris à Rome, la route est longue pour un piéton de cet âge et difficile pour un pauvre qui n'exerce aucun métier. Il alla, nous dit-on, de monastère en monastère. C'est sans doute vrai, mais quel accueil y pouvait-il trouver ? La sentence du Concile était sur lui, qui le condamnait au silence et même, si on l'eut exécutée dans sa teneur littérale, à la séquestration. Pour être tombé de si haut, sa chute n'en était que plus grave et l'on ne peut se défendre d'une inquiète pitié en le voyant aller de l'une à l'autre de ces portes dont plusieurs peut-être hésitaient à s'ouvrir. Des lettres de Bernard de Clairvaux le précédaient sur la route de Rome et comment croire que leur message y fût resté secret ? Il ne fallait pas que l'ennemi de Pierre trouvât refuge auprès du

successeur de Pierre ! Ainsi, cet asile auquel aspire tout
chrétien qui cherche auprès du Père la certitude de n'en
être pas séparé, on le lui fermait d'avance. On voudrait
voir son visage, cheminer avec lui par la pensée, soulager
une croix qui ne devait pas être moins lourde pour être
portée dans le cœur.

Mais nous ne saurons jamais rien, sauf pourtant qu'il
atteignit un jour Cluny, près de Mâcon, moins un monastère
qu'une ville, l'abbaye mère de tant d'autres abbayes, glo-
rieuse dans toute l'Europe par la splendeur de son église,
la beauté de son culte et la générosité de son accueil. Pierre
le Vénérable en était alors l'abbé, Abélard le savait et l'on
peut ici conjecturer avec une quasi certitude que, puisqu'il
était arrivé jusque-là, il dut frapper à cette porte avec la
ferme confiance qu'elle s'ouvrirait pour lui.

On ose à peine justifier cette confiance, même lorsqu'on
l'éprouve irrésistiblement avec lui. Il faut pourtant bien le
dire, Cluny avait quelques raisons d'accueillir avec indulgence le grand vaincu de Citeaux. On y connaissait Saint
Bernard et ses violences depuis la dure attaque lancée contre
les clunisiens par le fougueux abbé de Clairvaux. Les deux
abbayes avaient d'ailleurs eu maille à partir en d'autres
occasions et Bernard avait dans ces circonstances usé, à
l'égard de Pierre, d'un langage tel que Cluny ne devait pas
prendre au pied de la lettre tout ce qu'il avait dit d'Abélard. Sa fameuse *Apologie* de la vie cistercienne notamment,
où les « superfluités » clunisiennes étaient si sévèrement cen-
surées, étaient bien faite pour incliner à l'indulgence ceux
dont Abélard demandait l'hospitalité. Eux non plus ne devaient pas prendre à la lettre toutes les condamnations por-
tées par le saint. Allons plus loin. Sans établir le moindre
lien entre Cluny et des spéculations qui lui restèrent toujours complètement étrangères, il faut bien reconnaître que
ce que Bernard détestait chez Abélard n'était pas, quoique

sur un tout autre plan, sans quelque secrète parenté avec
ce qu'il condamnait à Cluny. C'était « le siècle » dont il dé-
nonçait l'influence corruptrice sur cette vie religieuse qui ne
se distingueait qu'à peine pour lui de la vie chrétienne pure
et simple. Accuser les clunisiens d' « intempérance » dans le
boire et le manger, le vêtement et l'ameublement, le goût
des chevaux et l'amour des beaux édifices, ce n'était pas
un mince reproche, surtout si l'on tient compte du langage
parfois cru dans lequel il se formulait. Bernard condamnait
jusqu'à la beauté de leurs églises et de leur art, exactement
ce que J.-K. Huysmans nommera plus tard, mais en l'ap-
prouvant, « le luxe pour Dieu ».

Cette petite guerre monastique n'était pas grave, mais
elle avait sans doute laissé des traces. Nous ne sommes pas
si loin de l'année 1138 où, s'adressant directement au pape,
Bernard avait accusé ses « amis clunisiens » de « fraude et
de témérité ». On peut accepter ces choses en toute charité,
elles ne font jamais plaisir. L'abbé Pierre avait d'ailleurs
répondu de même encre, en demandant à cette « nouvelle
race de Pharisiens » de quel droit, eux qui vivaient comme
les autres, se considéraient comme « les seuls vrais moines
du monde entier ? [1] » Laissons ces mesquineries. Pierre le
Vénérable n'avait pas besoin de ces complicités secrètes.
Pour accueillir Abélard dans un esprit de parfaite charité,
il lui suffisait d'être lui-même. Pierre peut bien s'être alors
souvenu, pour en avoir naguère fait l'expérience, que les
saintes violences de Bernard dépassaient parfois la mesure ;
il s'est certainement d'abord souvenu que las, pauvre et
même condamné, le douloureux pèlerin qui lui demandait
asile était un hôte envoyé par le Christ.

C'est ainsi qu'il le reçut et l'on ne cesse plus d'admirer,
dès ce moment, l'inépuisable génie d'invention d'une charité

---

1. PIERRE LE VÉNÉRABLE, *Epist. I*, 27 ; Pat. lat., t. 189, col. 116.

dont la générosité n'a d'égale que la rectitude. Il n'y a qu'un mot pour le dire : Pierre le Vénérable est parfait. On assiste alors au spectacle, si rare parce qu'il est celui d'un pur chef-d'œuvre, d'un amour chrétien du prochain qui, faisant tout ce qu'il faut, le fait exactement comme il faut, sans aucune timidité ni manque de tact et, osant tout, réussit tout ce qu'il ose. D'abord, il faut retenir Abélard. Ce vieillard épuisé n'atteindrait jamais Rome et, puisqu'il s'y rend pour y chercher la paix du Christ, pourquoi ne la trouverait-il pas à Cluny même ? L'abbé commence donc par agir, mais l'importance de la personne en cause est telle, qu'il informe aussitôt le pape Innocent II de ses décisions. On aurait scrupule de toucher à cette lettre d'un témoin irremplaçable, et s'il ne s'agit que de lire entre les lignes, qui donc s'en arrogerait le privilège ?

« Maître Pierre, parfaitement connu de votre sagesse il me semble, est récemment passé par Cluny, venant de France. Nous lui demandâmes où il allait. Il nous répondit qu'excédé des vexations de gens qui, ce dont il avait horreur, voulaient le faire passer pour hérétique, il avait fait appel à la majesté apostolique et désirait se réfugier près d'elle. Nous louâmes son intention et lui conseillâmes de courir au refuge commun que nous connaissons tous. La justice apostolique, lui dîmes nous, ne s'est jamais refusée à personne, fut-il un étranger ou un pélerin, elle ne vous fera pas défaut. Nous lui avons même promis qu'il y trouverait miséricorde, s'il en était besoin.

Sur ces entrefaites arrive monseigneur l'abbé de Citeaux, qui s'entretient, avec nous et avec lui, de faire la paix entre lui et monseigneur de Clairvaux, au sujet de qui précisément il avait fait appel. Nous nous employâmes, nous aussi, à le remettre en paix et nous l'engageâmes à se rendre vers lui avec monseigneur de Citeaux. Nous ajoutâmes même ceci à nos conseils, s'il avait écrit ou prononcé des paroles offensantes pour des oreilles catholiques, de consentir, sur l'invitation de monseigneur de Citeaux ou d'autres personnes de sagesse et de bien à s'en abstenir désormais dans son langage et à les effacer de ses écrits.

Ainsi fut fait. Il y alla, il en revint et nous rapporta au retour que, grâce à monseigneur de Citeaux, il avait renoncé à ses protestations passées, et fait sa paix avec monseigneur de Clairvaux. Entre temps, sur notre conseil, mais plutôt, croyons-nous, par quelque inspiration divine, il décida de renoncer au tumulte des écoles et des études pour fixer à jamais sa demeure dans votre Cluny. Cette décision nous parut convenable à sa vieillesse, à sa faiblesse, à sa profession religieuse, et dans la pensée que sa science, qui ne vous est pas tout à fait inconnue, pourrait profiter à la foule de nos frères, nous accédâmes à son désir. Sous réserve qu'ainsi plaise à Votre Bienveillance, nous l'avons donc volontiers et de grand cœur autorisé à demeurer avec nous qui, vous le savez, sommes tout à vous.

Je vous en supplie donc, moi qui, quel que je sois, suis du moins vôtre ; ce couvent de Cluny, qui vous est tout dévoué, vous en supplie ; Pierre lui-même vous en supplie, par lui, par nous, par les porteurs des présentes qui sont vos fils, par cette lettre qu'il nous a demandé de vous écrire, daignez prescrire qu'il finisse les derniers jours de sa vie et de sa vieillesse, qui ne sont peut-être plus nombreux, dans votre maison de Cluny, et que de la demeure où ce passereau errant est si heureux d'avoir trouvé un nid, nulle instance ne puisse le chasser ni le faire sortir. Pour l'honneur dont vous entourez tous les bons, et pour l'amour dont vous l'avez aimé lui-même, daigne votre protection apostolique le couvrir de son bouclier [1] ! »

Comment ne pas admirer la diplomatie du grand abbé ?

---

1. PIERRE LE VÉNÉRABLE, *Epist.*, IV, 4 ; Pat. lat., col. 305-306.

Abélard va chercher justice à Rome ? Comme il a raison !
On la lui promet, et même le pardon s'il en a besoin. Il se
trouve seulement qu'un hasard providentiel amène à Cluny
l'abbé de Citeaux qui réconcilie Abélard avec l'abbé de
Clairvaux ; le vieux maître consent à s'abstenir désormais
de toute formule douteuse ; une nouvelle intervention pro-
videntielle le décide même à se fixer à Cluny, renonçant
par là aux joutes des écoles, mais assurant au monastère
de Pierre le Vénérable le maître le plus célèbre de toute la
chrétienté. Il demandait en somme qu'on lui fît exactement
subir la condamnation même dont il avait été frappé, sauf
cet allègement, pour lui considérable, qu'il conserverait le
droit d'enseigner. Pierre le Vénérable n'y voyait d'ailleurs,
semble-t-il, que des avantages. Pourquoi la surnature n'uti-
liserait-elle pas les occasions qu'offre la nature ? La charité
y trouvait son compte et le couvent n'y perdait rien ; il
s'assurait maître Pierre Abélard, comme dit notre jargon
moderne, « en exclusivité ».

On hésite d'abord à croire que cet oiseau des tempêtes
fût vraiment devenu le simple passereau dont parle Pierre
le Vénérable et qu'ayant trouvé un nid, il acceptât enfin
de s'y tenir. C'est pourtant un fait. Alors que sa seule présence avait jusque là suffi pour faire éclater la guerre, il
est à Cluny et rien n'arrive. La paix habite enfin son cœur.
Pas un des moines de l'abbaye qui ne rende témoignage à
sa sainteté, à l'humilité et à la piété de la vie qu'il y mène.
Si je ne m'abuse, dira plus tard Pierre le Vénérable, je ne
me souviens pas d'avoir jamais vu son pareil en humilité.
Pour qui sait voir, saint Germain ne semble pas avoir été
plus humble ni saint Martin lui-même plus dépouillé. Dans
ce monastère peuplé de tant de religieux, lorsqu'on le contraignait d'accepter une place d'honneur, il s'y présentait en
vêtements si misérables qu'on l'eut pris pour le dernier de
tous.

Il y a plaisir à retrouver l'abbé de Cluny égal à lui-même jusqu'à la fin de cette histoire et à penser qu'il ne traita pas le condamné de Sens en pestiféré, mais plutôt en hôte dont la présence honorait son illustre maison. Ces détails, que nous tenons de lui-même, avec quelle délicatesse il en informe Héloïse après la mort d'Abélard ! Pierre la connaissait bien. Si quelque chose pouvait adoucir son deuil, c'était cette assurance qu'il avait seul autorité pour lui donner : le grand homme qu'elle aimait avait fini ses jours entre des amis conscients de sa grandeur et qui le lui avaient prouvé.

Lui-même, pourtant, ne vit plus que pour faire pénitence et comme il s'était autrefois jeté dans l'orgueil, il s'abîme à présent dans un excès d'humilité. Lorsqu'en suivant les processions à sa place, qui est liturgiquement la dernière, le père abbé regarde devant lui, il le voit et s'étonne qu'un homme si grand et si célèbre puisse s'abaisser à ce point. N'importe quel vêtement lui est bon ; il se contente de n'importe quelle nourriture et de n'importe quelle boisson ; bref, il ne lui faut en tout que le strict nécessaire et, quant au superflu, il le condamne, à la fois par la parole et par l'exemple, chez lui et chez les autres. Lisant sans arrêt, priant souvent, il ne rompt jamais le silence, sauf pour un colloque familier avec les frères ou lorsqu'on le presse de parler en public sur quelque sujet de théologie. Prêtre, il offre à Dieu le saint sacrifice de l'autel aussi souvent qu'il lui est permis de le faire et, une fois rétabli par les soins de l'abbé dans la grâce du Saint Siège, il le fait presque chaque jour. Enseigne-t-il vraiment ? Rien ne prouve à la rigueur que, dans le cadre de cette vie conventuelle, il ait régulièrement tenu école, mais Pierre le représente pourtant comme sans cesse occupé des choses de l'esprit : « Sa pensée, sa parole, son travail étaient continuellement tournés vers la théologie, la philosophie et l'érudition, qu'il ne cessait de méditer, d'enseigner et de professer. »

Sachons nous contenter du peu dont les textes nous assurent. A quoi bon charger ces faits de commentaires ? Ils ne raconteraient d'autre histoire que celle de notre propre imagination. Pierre le Vénérable est un témoin direct et haut placé, mais nous n'avons que lui et rien ne prouve qu'Héloïse elle-même en ait eu d'autre. Cependant les mois passent et la vie d'Abélard approche de sa fin. Cet homme « simple et droit, craignant Dieu et évitant le mal, consacrant à Dieu les derniers jours de sa vie », partage ainsi quelque temps la vie clunisienne. Mais son corps est épuisé. Atteint d'infirmités humiliantes dont il souffre plus que de coutume, il a visiblement besoin de plus de calme et de repos qu'il n'en peut trouver dans ce vaste monastère. Toujours attentif à son bien, l'abbé lui choisit une nouvelle résidence, le monastère de Saint-Marcel, près de Châlons, dont le site lui semble à peu près le plus favorable entre ceux de toutes les abbayes bourguignones, non loin de la ville, mais séparé d'elle pourtant par la Saône. Abélard y reprend aussitôt sa vie studieuse. Autant que ses infirmités le lui permettent, il ne sort plus de ses livres et l'on peut dire alors de lui ce que l'on avait dit de Grégoire, qu'il ne reste pas un moment sans prier, lire, écrire ou dicter.

La mort approche enfin de lui, mais elle ne le prend pas à l'improviste. C'est dans ces saintes occupations que le trouve le visiteur furtif dont a parlé l'évangile, et non point endormi comme tant d'autres, mais vigilant et sa lampe pleine d'huile, sa conscience pleine du témoignage de la sainte vie qu'il mène. Saisi par un mal qui s'aggrave rapidement, Abélard se sent bientôt à toute extrémité. Saintement, pieusement, il fait d'abord confession de sa foi catholique, puis de ses péchés et reçoit enfin son Sauveur, auquel il se remet corps et âme, en ce monde et en l'autre, pour l'éternité. Tel est le témoignage unanime de ses frères et de tout le couvent de Saint-Marcel, où il meurt, le 21 avril 1142, à l'âge de soixante-trois ans. C'est là qu'il fut d'abord inhumé. C'est aussi là que, sept siècles plus tard, un autre grand cœur tourmenté viendra rendre hommage à sa mémoire. Lamartine a rêvé sous l'immense tilleul à l'ombre duquel Abélard avait coutume de s'asseoir et de rêver lui-même, le visage, dit la légende, « tourné du côté du Paraclet [1] ».

Toute cette péripétie finale, depuis le Concile de Sens, tient en près de deux ans, durant lesquels il ne semble pas qu'Héloïse ait eu la moindre communication avec Abélard. « Elle vivait dans un profond silence, dit Rémusat ; depuis de longues années, ce cœur s'était fermé et ne se montrait qu'à Dieu, sans se donner à lui. On ne sait rien d'elle [2]. » Non, pas même si son cœur ne s'était pas enfin ouvert à Dieu, mais il est du moins c rtain qu'aussitôt mort, Abélard lui appartient de nouveau tout entier, à elle seule, comme un bien dont rien ne pourra plus la séparer. Elle écrit aussitôt à l'abbé de Cluny pour en obtenir des détails sur la fin de celui qui avait été son amant, son époux et son père. Elle les reçoit et c'est à la réponse de Pierre le Vénérable que nous devons de connaître les faits qui précèdent. Sa longue lettre se fit quelque temps attendre, à cause des innombrables occupations dont l'accablait sa charge assure-t-il, ce qui était certainement vrai, mais non moins certainement en raison du caractère tout particulier de ce document, qui s'adresse évidemment, au delà d'Héloïse même, à la postérité.

Le témoignage de Pierre le Vénérable est pour nous sans prix, parce qu'il est d'un témoin du xiie siècle sur cette histoire du xiie siècle. Parlant en homme de son temps sur une affaire de son temps, il renseigne à merveille sur la sensibilité chrétienne d'une époque si différente de la nôtre. Pour mesurer cette différence, imaginons qu'après un scan-

---

1. A. DE LAMARTINE, *Héloïse et Abélard*, Paris, 1859, p. 49.
2. Ch. DE RÉMUSAT, *Abélard*, t. I, p. 258.

dale public comparable à ce qu'avait été l'aventure des deux
amants, l'un et l'autre cherchent aujourd'hui refuge dans
quelque monastère. Si l'on veut bien accepter les transpo-
sitions qu'exige le changement des mœurs, ce n'est pas complètement inimaginable. Tous deux achèvent donc leurs
jours dans la pénitence et le silence du cloître. Mais voici
que l'un d'eux meurt, que va-t-il se passer ? Rien, sans
doute, sinon qu'en informant l'autre de cette douloureuse
nouvelle, ou joindra ses prières aux siennes pour obtenir de
Dieu le pardon du pécheur. Quand au reste, pourquoi en
parler ? A quoi bon rouvrir les vieilles blessures ? Pourquoi,
surtout, faire revivre un scandale que tout conseille d'ensevelir plutôt dans l'oubli ?

Pierre le Vénérable procède d'une tout autre manière.
Il ne feint pas d'ignorer ce que tout le monde sait. Il voit
que la grande leçon donnée au monde par cette exemplaire
pénitence sera perdue, si l'on oublie la grandeur de la faute,
elle-même liée à la grandeur de ceux qui l'ont commise. Le
voici donc acceptant tout à la fois, les pécheurs avec leur
expiation, et d'abord Héloïse elle-même, dont nous appre-
nons qu'avant même d'en recevoir des lettres, il en avait
reçu des cadeaux, sans doute en discret hommage de reconnaissance pour l'asile accordé à l'homme qu'elle aimait.
L'abbé traite l'abbesse en amie qu'il aime dans le Seigneur,
avec une aisance familière qui rappelle pour nous à la vie
les acteurs de ce drame. Ce qu'Héloïse et Abélard ont pensé
l'un de l'autre, Pierre le Vénérable aussi le pense, comme
on voit aussitôt que tout le monde le pensait de son temps.
Grâce à son témoignage, l'irréalité de cette histoire devient
moins vraisemblable encore que ne l'est sa réalité ; il la
scelle du sceau de l'authenticité.

Héloïse est une de ses admirations de jeunesse. Au moment
de rendre au couple ce témoignage solennel qui refuse de
le désunir, c'est vers la jeune fille célèbre de jadis que se

tourne d'abord sa pensée : « Ce n'est pas d'aujourd'hui que date mon affection pour celle à qui je me souviens de l'avoir dès longtemps donnée. Je venais à peine de franchir les bornes de l'adolescence et je n'étais pas même un jeune homme, lorsque la renommée m'apprit, non pas encore ta vie religieuse, mais tes nobles et louables études. On entendait alors parler de cette extraordinaire rareté : une femme encore engagée dans les liens du siècle et qui s'adonnait pourtant tout entière à l'étude des Lettres et de la Sagesse sans que rien, ni les désirs du monde, ni ses vanités, ni ses plaisirs, pût la détourner du louable dessein d'apprendre les Arts Libéraux. » Ainsi, la jeune gloire d'Héloïse n'est pas une invention de l'histoire. En un temps où les études n'intéressaient personne — Pierre le Vénérable l'affirme de son époque comme on peut l'affirmer de tout temps — et où non seulement les femmes, qui lui restent entièrement indifférentes, mais les hommes mêmes, n'ont pas le courage de poursuivre la sagesse, Héloïse l'a « emporté sur toutes les femmes et dépassé presque tous les hommes ». Bientôt pourtant, par la volonté de Celui qui se l'était réservée, la voici qui échange la logique pour l'Évangile, la physique pour saint Paul, Platon pour le Christ, l'Académie pour le cloître. C'est alors qu'elle devient tout entière une femme vraiment philosophe. De cette métamorphose, Pierre tait discrètement les circonstances pour n'en retenir que la cause : la grâce divine, et l'effet : cette admirable vie d'une abbesse exemplaire, victorieuse du démon par la rigueur de sa pénitence et dont les mérites s'accroissent de tous ceux des saintes filles qu'elle conduit au salut.

Flatteries que tout cela ? L'abbé le nie. S'il loue Héloïse d'une grandeur dont elle pouvait difficilement n'avoir aucune conscience, c'est pour lui montrer exactement en quoi cette grandeur consiste, afin qu'elle sache la conserver. Ici, la psychologie de Pierre se révèle une fois de plus sans faute.

Il sait qu'on ne peut sauver Héloïse qu'en faisant appel à son courage, à sa force, à ce goût de l'héroïsme, le fond le plus noble de sa nature qui est celle d'un guide et d'un chef. Tu n'es pas seulement un charbon, lui dit-il, mais encore une lampe et tu ne dois pas seulement brûler, mais éclairer. L'Héloïse qu'il admire et qu'il aime est faite pour se battre et pour conduire les autres à la bataille. Elle est Penthésilée, reine des amazones, qui mène son armée de femmes au combat. Elle est Dèborah la prophétesse, qui anime le courage de Barach, juge d'Israël. « J'aimerais, ajoute l'abbé de Cluny, parler longtemps de ces choses avec toi, car je me plais à ton érudition célèbre, et ta piété, dont beaucoup m'ont fait l'éloge, m'attire bien plus encore ». Quel dommage que Cluny n'ait pas Héloïse ! Que n'est-elle enfermée dans l'aimable prison de Marcilly, pour y attendre la liberté du ciel avec les autres servantes du Christ ! Pierre aurait préféré les richesses de sa science et de sa piété aux trésors les plus grands de tous les rois, mais Héloïse elle-même eût admiré la vertu de ces vierges et de ces veuves, foulant aux pieds les grandeurs du monde dans une demeure dont sa présence eût rehaussé la beauté.

Dieu ne l'a pas voulu ainsi. Cluny n'aura pas eu Héloïse, mais il a eu du moins Abélard. « Ton » Abélard, écrit l'abbé à l'abbesse, « ce serviteur du Christ, ce vrai philosophe du Christ dont on redira souvent le nom avec honneur, ce maître Pierre, que la divine providence conduisit à Cluny dans les dernières années de sa vie, l'enrichissant par là d'un trésor plus précieux que l'or et le diamant ». Comment finit à Saint-Marcel le maître d'un savoir unique et dont la renommée s'étendait presque au monde entier, nous le savons. Nous l'avons vu se faire à son tour le disciple de Celui qui disait : « Apprenez de moi que je suis doux et humble de cœur ». Comment ne pas croire qu'il soit allé vers lui, après tant de persévérance dans la douleur et l'humilité ? « Sœur vénérable et très chère dans le Seigneur, celui à qui tu fus d'abord unie dans la chair, puis liée par un nœud d'autant plus fort qu'il était plus parfait, le lien de la charité divine ; celui avec qui et sous l'autorité de qui tu as servi le Seigneur, c'est le Christ qui l'abrite à présent dans son sein à ta place et comme une autre toi-même ; il te le garde, pour qu'à la venue du Seigneur descendant du ciel à la voix de l'archange et au son de la trompette, par sa grâce, il te soit rendu. »

N'en doutons pas, Pierre le Vénérable connaissait admirablement Héloïse. « Quels psychologues ! » me disait un jour L. Lévy-Bruhl en admirant les statues du grand portail de Chartres. L'abbé de Cluny était du siècle de ces sculpteurs et de leur race, mais la charité seule est à ce point divinatrice. Aucun calcul, nul dessein prémédité ne pouvaient inspirer cette étonnante formule, bien faite pour dérouter les savants calculs de la spéculation théologique, mais dont le trait révèle une main aussi hardie que sûre : *hunc, inquam, loco tui vel ut te alteram in gremio suo confovet.* S'il était un Dieu que cette abbesse butée, rebelle et comme murée dans sa douleur, ne pouvait pas refuser d'aimer, c'était bien Celui qui lui gardait son Abélard, pour elle et à sa place — *ut te alteram* — afin de le lui rendre un jour et pour toujours.

C'est fini. Héloïse n'a plus rien à dire, mais il lui reste quelque chose à faire. Tant qu'elle peut encore s'affairer pour Abélard, son rôle n'est pas terminé. La dépouille mortelle de son ami est bien loin d'elle et ce n'est d'ailleurs pas à Saint-Marcel, mais au Paraclet, qu'il a jadis exprimé le désir de reposer. Comment exaucer ce vœu ? A sa demande, Pierre le Vénérable fait furtivement enlever le corps d'Abélard du cimetière de Saint-Marcel et le conduit lui-même au Paraclet. Telle fut l'occasion de sa première visite à Héloïse et ses sœurs. Comme avant lui l'abbé de Clairvaux, l'abbé

---

1. PIERRE LE VÉNÉRABLE, *Epist. IV*, 21 ; Pat. lat., t. 189, col. 346-353.

de Cluny fut émerveillé de cette rencontre dont, à son tour, Héloïse devait garder un souvenir inoubliable. Mais ce n'est pas encore assez et l'inlassable industrie de l'abbesse s'ingénie à tout mettre en ordre. Après s'être ainsi fait donner le corps d'Abélard, elle obtient pour elle-même de Pierre le Vénérable, outre un bénéfice, le privilège d'un trentain à célébrer par Cluny pour le repos de son âme après sa mort, des lettres scellées confirmant ce don, d'autres lettres scellées absolvant Abélard de tous ses péchés [1], pour être suspendues à son sépulcre ; enfin, tous ses devoirs envers Abélard une fois remplis, elle se souvient d'être mère et elle demande a l'abbé de s'entremettre pour trouver à un infortuné quelque prébende soit auprès de l'évêque de Paris, soit auprès de tout autre évêque. Héloïse obtient tout, le trentain, les lettres scellées qui le lui assurent et celles qui garantissent l'absolution d'Abélard. Quant au bénéfice pour l'enfant, répond l'abbé de Cluny, c'est plus difficile, car les évêques font la sourde oreille lorsqu'on leur demande des prébendes, mais il fera ce qu'il pourra, dès qu'il le pourra [2]. S'il ne l'avait déjà compris, Pierre le Vénérable a dû finir par s'apercevoir que, dans cette affaire, il y avait un point de vue d'Abélard. Héloïse survécut vingt et un ans à son ami et mourut le 16 mai 1164, ayant atteint le même âge que lui. Ici finit l'histoire et commencerait la légende. On rapporte que, peu de temps avant sa mort, Héloïse avait pris les dispositions nécessaires pour être ensevelie avec Abélard. Lorsqu'on ouvrit sa tombe et qu'on l'y déposa près de lui, il étendit les bras pour l'accueillir, et les referma étroitement sur elle. Ainsi contée, l'histoire est belle, mais, légende pour légende, on croirait plus volontiers qu'en rejoignant son ami dans la tombe, Héloïse ait ouvert les bras pour l'embrasser.

1. Cf. Pat. lat., t. 189, col. 487.
2. PIERRE LE VÉNÉRABLE, *Epist. VI*, 22 ; Pat. lat., t. 189, col. 428-429. Voir la lettre d'Héloïse à l'abbé de Cluny, épist. 21, col. 427-428.

CHAPITRE VIII

LA LEÇON DES FAITS

Malgré les problèmes qu'elle nous laisse encore à résoudre, l'histoire d'Héloïse et d'Abélard est assez riche d'enseignements pour qu'il vaille la peine de les recueillir. On a donné mille et une définitions de la Renaissance, mais presque toutes font place, comme à l'un de ses traits essentiels, à l'éclosion de personnalités puissantes, capables enfin, après des siècles d'oppression médiévale, de s'affirmer dans leur individualité même. Rien n'égale la passion des historiens de la Renaissance pour l'individualisme, l'indépendance d'esprit et la rebellion contre le principe d'autorité, si ce n'est la docilité avec laquelle ils se copient les uns les autres et dogmatisent sur ce moyen âge, dont, en réalité, ils ne savent que peu de chose. Le fait que cette attitude soit commune serait sans importance ; mais que ceux qui parlent ainsi de choses qu'ils ignorent se posent en défenseurs de la raison et de l'observation personnelle, et qu'ils accusent de céder au préjugé ceux qui se permettent de discuter les leurs, ce serait triste, si ce n'était comique. L'indifférence aux faits, le mépris de l'observation directe et de l'information personnelle, l'habitude de trancher de tout au nom d'hypothèses qui se prennent pour des évidences, le dogmatisme naïf avec lequel ils accusent de manque d'esprit critique ceux qui, au nom de faits observables, se permettent de mettre en doute la valeur de leurs positions, bref tous ces défauts dont ils composent leur moyen âge, et qui sans doute y prospérèrent comme à toutes les époques de l'histoire, feraient un assez fidèle tableau de leur propre attitude. Tous les défauts dont ils accusent le moyen âge, ils les ont.

Pour Jacob Burckhardt, qui fait d'ailleurs écho à la Préface du tome VII de l'*Histoire de France* de Michelet, la Renaissance est caractérisée par la découverte du monde et par la découverte de l'homme : « elle est la première à découvrir et à montrer au grand jour l'homme dans son entier. » Une fois le principe posé, les conséquences suivent d'elles-mêmes : « cette époque développe l'individualisme au plus haut point ; ensuite elle l'amène à étudier avec passion, à connaître à fond ce qui est individuel à tous les degrés. » Ce sont donc « les grands poètes du XIVᵉ siècle que nous voyons d'abord décrire librement l'homme moral [1] », et tout spécialement Dante, qui « établit une ligne de démarcation entre le moyen âge et les temps modernes [3] ». Il est vrai que, selon E. Renan et Pierre de Nolhac, le premier homme moderne aurait été Pétrarque [4]. Peu importe ; nous n'en sommes pas à un premier homme moderne près. Pour Burckhardt, l'essentiel n'est d'ailleurs pas là ; ce qu'il tient à prouver avant tout, c'est que des individualités si puissantes ne pouvaient apparaître pour la première fois que dans les petites tyrannies italiennes du XIVᵉ siècle, où les hommes mènent une vie personnelle si intense qu'ils éprouvent le besoin de se raconter. C'est pourquoi, « chez les Italiens, l'autobiographie elle-même (et non plus simplement l'histoire)

---

1. J. Burckhardt, *La civilisation en Italie au temps de la Renaissance*, Plon, Paris, 1885 ; t. II, p. 29.
2. *Op. cit.*, t. II, p. 31.
3. *Op. cit.*, t. II, p. 35.
4. P. de Nolhac, *Pétrarque et l'Humanisme*, 2ᵉ édit., Paris, Leroux, 1907, t. I, p. 2.

étend parfois son vol et descend dans les profondeurs de l'individu ; à côté des mille faits de la vie extérieure, elle décrit d'une manière saisissante les phénomènes moraux, tandis que chez d'autres nations, même chez les Allemands du temps de la Réforme, elle se borne à consigner les faits matériels et ne laisse deviner l'âme du personnage que par la manière de les présenter. On dirait que la *Vita Nuova* de Dante, avec son implacable vérité, ait ouvert à la nation cette voie nouvelle » [1]. On peut d'ailleurs trouver une raison à cette absence d'individualité chez les hommes du moyen âge et, bien entendu, c'est dans leur écrasement et leur nivellement par le Christianisme qu'il convient de la chercher : « L'Église, devenue maîtresse, ne tolère pas le développement individuel de l'homme. Tous doivent se résigner à devenir de simples anneaux dans la longue chaîne de son système et obéir aux lois de ses institutions [2]. »

Un homme sans individualité, incapable de s'analyser, sans goût pour décrire les autres sous forme biographique ni se raconter sous forme autobiographique, voilà donc l'homme tel que l'a fait le christianisme [3]. Disons, par exemple, saint Augustin. Mais pour nous en tenir au xiiᵉ siècle et sans nous demander de quel moule unique on a pu tirer à la fois saint Bernard de Clairvaux et Pierre Abélard, comparons simplement la Renaissance des professeurs aux faits qui se dégagent de la correspondance d'Abélard et d'Héloïse.

Si, pour faire une Renaissance, il faut des individualités

1. J. Burckhardt, *op. cit.*, t. II, p. 63-64.
2. G. Voigt, *Pétrarque, Boccace et les débuts de l'humanisme en Italie*, Paris, H. Welter, 1894, p. 10.
3. Il est trop clair que la Biographie commença bien avant le xivᵉ siècle, et Burckhardt ne l'ignore pas ; mais comme nous verrons plus loin, il y a des faits qui comptent et d'autres qui ne comptent pas. Ainsi, dit Burckhardt de Joinville (*op. cit.*, t. II, p. 57), la *Vie de saint Louis*, « livre unique en son espèce, est la première biographie parfaite d'une homme de l'Europe moderne ». Après avoir noté ce fait qui, à lui seul, ruine sa thèse, Burckhardt continue d'écrire comme si ce fait n'avait jamais existé.

développées au plus haut point, ces deux-là ne suffiront-elles pas ? Il est vrai qu'Abélard et Héloïse ne sont pas italiens ; ils ne sont pas nés dans une petite « tyrannie » toscane du xɪvᵉ siècle ; bref, ils ne satisfont à aucune des conditions requises par la théorie, sauf d'avoir été juste ce qu'ils n'auraient pas dû être si la théorie était vraie. On demande encore des personnages capables de « décrire librement l'homme moral », comme les grands italiens sauront le faire, mais il semble qu'Abélard et Héloïse s'y soient employés avec quelque succès. Nul n'aura la sottise de comparer leur correspondance à la *Vita Nuova* sur le plan littéraire, mais s'il s'agit de dire dans laquelle des deux œuvres la description de l'homme moral s'affirme avec la simplicité la plus directe et la plus dépouillée d'artifice, c'est au tour de la *Vita Nuova* de ne plus supporter la comparaison. Les historiens se demandent encore si Béatrice fut une petite Florentine ou un symbole, mais Héloïse n'a rien de symbolique et son amour pour Abélard fut certainement autre chose qu'un déroulement de propos allégoriques. Cette histoire de chair et de sang, que la passion la plus brutale et la plus ardente conduisit au dénouement que l'on sait, nous la connaissons du dedans comme nous en connaissons peu d'autres. Ses héros s'observent, s'analysent comme seules des consciences chrétiennes en proie aux passions peuvent le faire, et non seulement ils s'analysent, mais ils se racontent. Combien d'autobiographies du temps de la Renaissance pourrait-on comparer à la correspondance d'Abélard et d'Héloïse ? Celle de Benvenuto Cellini ? Mais d'abord, comme J. Burckhardt lui-même doit bien le reconnaître, « elle ne vise pas à l'étude de l'être moral », et d'ailleurs le lecteur se doute « à chaque instant qu'il a menti ou qu'il s'est vanté ». Au contraire, c'est bien sur leur être moral qu'Abélard et Héloïse nous renseignent et même lorsqu'ils se mentent à eux-mêmes, ils ne nous mentent jamais.

Devant un tel désaccord des faits et de la théorie, on pourrait croire que la théorie consentira enfin à céder. Que l'on se détrompe, et c'est ici qu'en vérité nous atteignons le nœud du problème. L'interprétation de la Renaissance et du Moyen Age que nous avons sous les yeux n'est aucunement, comme on pourrait le croire, une hypothèse historique justiciable des faits. C'est un mythe. Un mythe comme tel n'est pas discutable. Ce ne sont pas les faits qui la justifient, c'est lui qui dicte les faits. Benvenuto Cellini ne parle pas de l'être moral et ment à chaque page de son *Autobiographie*, dit Burckhardt, « qu'importe [1] ? » Et en effet, c'est une *Autobiographie* italienne, du xive siècle, aussi peu chrétienne que possible ; bref elle suit à merveille le canon de la Renaissance des professeurs ; donc c'est une Autobiographie qui compte. Abélard et Héloïse ne parlent que de l'homme moral, et ils sont sincères ? Sans doute mais ce sont des Français, des chrétiens, et ils vivaient au xiie siècle ; impossible de moins répondre aux exigences de la théorie, donc la correspondance d'Héloïse et d'Abélard ne compte pas. Nulle exagération dans cette formule. Je ne dis pas : on l'oublie et on néglige d'en tenir compte. Je dis : on y pense, mais on l'élimine, comme on éliminera d'ailleurs tout fait généralement quelconque, s'il fait échec à l'affirmation de principe qu'il faut maintenir à tout prix. Nous voici donc prévenus : aucun fait, quel qu'il soit, et nuls faits, quel qu'en puisse être le nombre, ne pourront jamais persuader les tenants de cette théorie qu'elle a tort, car il est de son essence que la Renaissance soit la négation du Moyen Age, comme par définition : « On peut indéfiniment découvrir dans la Renaissance des survivances médiévales, arcs d'ogive, mysticismes, mystères, scolastique, il ne faut pas perdre de vue l'essentiel pour l'accessoire et oublier que, dans l'ordre

1. BURCKHARDT, *op. cit.*, t. II, p. 65.

de l'esprit, elle représente la libération de l'individu à l'égard du dogme [1]. »

S'il en est ainsi, nous sommes encore à en attendre l'aube, car il reste trop d'individus à libérer de ce dogme-là. Comme exemple de cliché historique, on n'en trouvera pas mieux que cette Renaissance antichrétienne que les historiens de la littérature se repassent de livre en livre, comme si Lefèvre d'Étaples, Budé, Erasme, avaient jamais prétendu se libérer d'aucun dogme, et comme si le fait qu'ils acceptaient des dogmes avait jamais empêché saint Bernard d'être éloquent, Dante et Pétrarque de bien écrire, ou saint Bonaventure et saint Thomas de penser. Rien n'y fera. Puisque, comme le veut Morf, la Renaissance est une « insurrection contre la Cité de Dieu [2] », on affirmera, avec M. A. Lefranc, qu' « en somme, la Renaissance est un mouvement d'émancipation qui suppose une diminution de l'idéal chrétien ; voilà le grand changement qui explique toute l'évolution de la littérature depuis le XVIe siècle [3] » ; ou encore, pour reprendre une autre définition de M. A. Lefranc, on dira que la Renaissance fut une « laïcisation intellectuelle de l'humanité [4] », formule qui sent un peut le Combisme, mais que M. G. Cohen a eu le mérite de rajeunir : la Renaissance, c'est « la Séparation de l'Église et de la Poésie ». Ce n'est plus de Combes que s'inspire l'histoire des Lettres, mais d'Aristide Briand.

A quelles conséquences pareilles méthodes peuvent conduire, nous n'avons même pas à l'imaginer. Elles sont là, sous nos yeux, dans les livres qu'elles encombrent, avant

1. G. Cohen, *Ronsard, sa vie et son œuvre*, Paris, Boivin, 1924 ; pp. 286-287.

2. Cité par A. Lefranc, *Diverses définitions de la Renaissance*, dans *Revue des Cours et Conférences*, XVIIIe année, n° 28 ; 1910, t. II, p. 490.

3. A. Lefranc, *op. cit.*, p. 494.

4. A. Lefranc, dans *Revue des Cours et Conférences*, 1909-1910, t. II, p. 725 ; cité par G. Cohen, *Ronsard...*, p. 9, note 3. La formule que nous citons ensuite se trouve p. 10.

qu'elles ne s'en déversent pour inonder les manuels. Une fois le principe posé, il faut bien que les faits cèdent. Puisque Rabelais est un homme de la Renaissance et que la Renaissance est païenne, il devient nécessaire que Rabelais ait été athée. On y mettra le nombre de contresens qu'il faudra, mais il le sera [1]. Ce n'est pourtant pas là le plus comique. Supposons un historien de bonne volonté, nullement féru de laïcisation littéraire, mais convaincu par l'opinion publique de l'inséparabilité des notions de Renaissance et de retour à l'Hellénisme, comme il ne trouvera guère d'hellénisme chez Montaigne, il inclinera fort à le retrancher de la Renaissance, si bien qu'au moment même où la Renaissance gagne l'athée Rabelais, elle perd le théologien Montaigne [2]. Pour peu que l'on continue dans cette voie, nous aurons bientôt un moyen âge peuplé d'humanistes, tandis que la Renaissance deviendra l'âge d'or de la théologie scolastique, changement de décor à la fois pittoresque et amusant.

Pour sortir de cette confusion, il conviendrait peut-être de commencer par se souvenir que les expressions : Moyen Age, Renaissance, sont les symboles abstraits de périodes chronologiques d'ailleurs mal définies et qu'il n'y a pas lieu d'espérer qu'on leur fasse jamais correspondre des définitions simples, applicables à tous les faits qu'elles désignent. Il n'y a pas eu d'*essence* du Moyen Age, ni de la Renaissance, c'est pourquoi il ne saurait y en avoir de définition. Abélard et saint Bernard ont vécu au moyen âge ; l'architecture romane et l'architecture gothique lui appartiennent ; le *Jesu dulcis memoria*, l'*Oro te devote* et les chansons des Goliards s'y rencontrent ; tandis que saint Thomas proclame la théo-

---

1. Ét. GILSON, *Les Idées et les Lettres* (1ʳᵉ série) ; Paris, J. Vrin, 1932, pp. 197-241 et surtout le livre décisif de L. FEBVRE, *Le Problème de l'incroyance au XVIᵉ siècle*, Paris, Albin Michel, 1942.

2. M. CITOLEUX, *Le vrai Montaigne, théologien et soldat*, Paris, P. Lethielleux, 1937 ; p. 68.

logie *regina,* et même *dea scientiarum,* les Averroïstes en-
seignent « que les seuls sages qu'il y ait au monde sont les
philosophes seulement, qu'on n'en sait pas davantage pour
savoir la philosophie » et que « les enseignements théologiques sont fondés sur des fables ». De tout cela, qu'est-ce
qui est médiéval ? Tout est médiéval : saint Louis et Frédéric II, saint Thomas qui compose l'Office du Saint-Sacre-
ment et ces clercs de l'Université de Paris à qui, en 1276,
on interdira de jouer aux dés, en jurant par Dieu, la Vierge
et tous les saints, sur ces mêmes autels où, par le ministère
du prêtre, le corps et le sang de notre Rédempteur sont
chaque jour consacrés [1]. De ces faits, lesquels sont plus mé-
diévaux que les autres ? Lorsque le jeune Thomas d'Aquin,
âgé de cinq ans, entre comme oblat à l'abbaye du Mont-
Cassin, c'est assurément un événement médiéval qui se passe :
Pater dicti fr. Thomae monachavit eum puerum ; que veut-
on de plus comme Moyen Age ? Mais s'il était médiéval,
pour le père de saint Thomas, de « monaquer » son fils au
Mont-Cassin en 1231, il n'était pas moins médiéval pour
Frédéric II de l'en expulser en 1239 : le soufflet d'Agnani
porte la même date pour Guillaume de Nogaret qui le donne
et pour Boniface VII qui le reçoit.

Si nous étions plus attentifs à ces modestes évidences,
nos travaux ne seraient pas nécessairement d'accord, mais
ils conduiraient du moins à des conclusions comparables,
capables par conséquent de se rectifier les unes les autres
et de se compléter. Rien de tel ne sera possible, au contraire,
tant que certains historiens s'arrogeront le droit de disqua-
lifier, au nom d'une hypothèse quelconque, un ordre quelconque de faits. Le problème n'est donc pas d'abord pour
nous de savoir combien d'arcs d'ogive ou de survivances
scolastiques nous pourrons encore découvrir au temps de

---

1. *Chartul. Universitatis Parisiensis,* t. I, p. 541 ; n. 470.

la Renaissance ; ce qui nous intéresse, c'est de savoir ce que c'est qu'un arc d'ogive et d'être capables de reconnaître une notion scolastique lorsque nous la rencontrons. Que l'historien qui la rencontre ne la reconnaisse pas, ce serait sans importance, si, précisément parce qu'il ne la reconnaît pas, il ne risquait de la prendre pour autre chose. Pour tout fait réel que l'on élimine apparaît un fait fictif que l'on crée, puis que l'on commente, et sur lequel enfin on se fonde pour éliminer de l'histoire tous les faits dont ce fantôme ne peut s'accommoder. Ronsard est un homme de la Renaissance ; donc il a dû voter la Séparation de l'Église et de la Poésie. On nous en donnera comme preuve « la formule épicurienne et lucrécienne » qui termine l'*Elégie contre les Bûcherons de la Forêt de Gastine* :

> *La matière demeure et la forme se perd* [1] ?

En quoi cette formule est-elle épicurienne et lucrécienne ? on ne nous le dit pas. Celle de Bernardus Sylvestris l'était-elle davantage, lorsqu'il écrivait, au XIIe siècle :

> *Res eadem subjecta manet, sed forma vagatur* [2].

En fait, Ronsard reprend simplement la doctrine, classique chez tous les aristotéliciens, de l'incorruptibilité de la matière : *Impossibile est materiam primam generari vel corrumpi* [3]. Mais si la matière est incorruptible, la forme naturelle ne l'est pas. Comme le redira encore Toletus, S. J., dans son Commentaire sur la *Physique* d'Aristote, I, 7, 14 : « Il y a autant de matière maintenant qu'au commencement du monde et il y en aura autant jusqu'à la fin, parce qu'elle ne s'engendre ni se ne corrompt ; il n'y a en effet de généra-

1. G. COHEN, *Ronsard...*, p. 284.
2. E. GILSON, *La cosmogonie de Bernardus Silvestris*, dans *Arch. d'hist. doctr. et litt. du Moyen Age*, t. III (1928), p. 21.
3. Saint THOMAS D'AQUIN, *In Physic. Arist.*, lib. I, cap. IX, lect. 15, art. 11.

tions et de corruptions que du point de vue des formes. C'est pourquoi une matière qui est à présent sous une certaine forme peut avoir été déjà sous beaucoup de formes et sera successivement sous beaucoup d'autres encore. » Tout ce que veulent dire Aristote, saint Thomas, Toletus, et, soyons-en sûrs, Ronsard, c'est que lorsqu'on brûle un des chênes de la forêt de Gastine, ce qui reste n'est plus bois, mais cendre ; la forme du bois s'est donc perdue, mais la matière demeure sous une autre forme : à cela se réduisent l'épicurisme et le lucrécianisme de Ronsard, Toletus, saint Thomas et Aristote. Le vers de Ronsard n'est qu'une ogive de plus dans un temple grec du XVIe siècle. Il y en a bien d'autres et ce fait n'offre d'intérêt qu'aux professeurs de Lettres désireux de comprendre les textes qu'ils expliquent ; mais il devient important, au contraire, à partir du moment où, faute de l'avoir reconnu pour ce qu'il est, on décrète qu'il est autre chose et entreprend de bâtir sur ce fondement ruineux. C'est alors le Commentaire sur le Contresens qui commence : *diabolus in historia.* Car Ronsard aura beau multiplier les avertissements de toute sorte, penser en chrétien, écrire en chrétien, rien n'y fera ; il ne peut l'être, il n'a plus le droit de l'avoir jamais été. Le moins que l'on puisse dire, est que son christianisme est fortement suspect : « Il semble bien que, mis à part son respect plus extérieur que foncier, plus traditionaliste que spontané de la doctrine de l'Église, il ait penché pour la métaphysique épicurienne que lui enseignait le vieux Lucrèce [1]. » Ainsi, pour assurer dans le passé la séparation de l'Église et de la Poésie, nos historiens se changent en confesseurs.

Nul texte ne semble mieux fait que la correspondance d'Héloïse et d'Abélard pour donner un juste sentiment de la complexité de ces problèmes à ceux qui se soucient encore

---

1. G. Cohen, *Ronsard...*, p. 285.

de l'acquérir. Comme le dit avec raison J. Nordström : « Ne
posséderions-nous que ces précieux documents pour éclairer
la pénétrante et réaliste faculté d'auto-analyse d'un homme
du moyen âge, ils suffiraient à montrer l'erreur fondamentale de Burckhardt quand il nous présente Dante comme le
premier qui ait franchement dévoilé les mystères de sa vie
intérieure, inaugurant ainsi une époque nouvelle dans l'histoire du développement de l'homme européen [1]. » On ne saurait mieux dire. Ajoutons seulement que si Abélard est un
écueil fatal à la thèse de Burckhardt, Héloïse, à elle seule,
en est un plus dangereux encore, non pas à cause de l'ardeur
passionnée avec laquelle elle s'analyse, ni de l'air de défi
avec lequel cette femme publie ses secrets les plus intimes,
mais bien par les idées qu'elle exprime et le contenu même
de ce qu'elle dit.

Abélard lui-même en est resté confondu. Lorsqu'il eut obtenu d'elle qu'elle mît fin à ses revendications passionnées
contre la cruauté de Dieu et l'égoïsme de celui qu'elle aimait,
Héloïse n'accepta de se taire là-dessus qu'à la condition de
parler d'autre chose. Un clou chasse l'autre, lui dit-elle [2] ;
de même, des pensers nouveaux chasseront les anciens.
D'ailleurs, le nouveau sujet choisi par Héloïse semblait de
tout repos. L'abbesse du Paraclet désirait seulement apprendre
d'Abélard, d'abord quelle était l'origine et la dignité de l'ordre
des religieuses, ensuite quelle règle il estimait qu'elle dût
faire observer dans le monastère dont elle-même avait la
charge. Question toute naturelle de la part d'une abbesse,
assurément, mais dont elle-même esquissa la réponse, et il
y a dans cette réponse un certain nombre de points que les
historiens de la Renaissance auraient profit à méditer.

D'abord, observe Héloïse, c'est un fait que nous n'avons

1. J. Nordström, *Moyen Age et Renaissance*, Paris, Stock, 1933, pp. 113-114.
2. Sans doute en souvenir de saint Jérôme, *Epist. CXXV*, 14 ; Pat. lat.,
t. 22, col. 1080.

pas de Règle. Il n'y a qu'une Règle pour les monastères d'hommes et de femmes : c'est la Règle de saint Benoit. Or elle a été écrite pour des hommes. Et cela se voit, puisque le chapitre LV, qui décide des vêtements que doivent porter ceux qui font profession de suivre cette règle, ne parle que de vêtements d'hommes. Ce n'est pas tout. On y voit l'abbé lisant l'Évangile, entonnant l'hymne qui suit, recevant à sa table les pélerins et les hôtes. Pense-t-on réellement· que l'abbesse doive inviter ces gens, partager avec eux son repas, boire avec eux ? Quelle ruine pour les· âmes que de telles réunions d'hommes et de femmes, surtout à table, où, buvant le vin en douceur, on y boit aussi la luxure : *et vinum in dulcedine bibitur, in quo est luxuria.* C'est ce qu'enseigne saint Jérôme, mais c'est ce qu'enseigne aussi le poète de la luxure et le docteur de l'indécence dans son livre intitulé : *De l'art d'aimer.* Et voilà l'abbesse du Paraclet qui appelle le *De arte amandi* au secours de saint Jérôme : « Lorsque le vin est venu mouiller ses ailes altérées, Cupidon reste là et demeure lourdement accroché à l'endroit qu'il a choisi... Alors naît le rire ; alors le pauvre se voit des cornes d'abondance ; alors disparaissent la douleur, les soucis et les rides de notre front... C'est souvent là que le cœur des jeunes hommes a été captivé par des belles ; Vénus· après le vin, c'est du feu sur le feu [1]. » Ou bien l'abbesse avait bonne mémoire, ce qui semble le plus vraisemblable, ou bien il y avait un *De arte amandi* au Paraclet. Quoi qu'il en soit de ce point, Héloïse ajoute aussitôt qu'on n'arrangera rien en n'autorisant l'abbesse à recevoir que des femmes, car nul

---

1. HÉLOÏSE, *Epist. VI* ; Pat. lat., t. 178, col. 214 B. — Cf. OVIDE, *De arte amandi*, lib. I, vers 233 sv. Nous citons à peu près la traduction de M. H. Bornecque, OVIDE, *L'Art d'aimer*, Paris, Les Belles Lettres, 1924 ; p. 11. Pour le vers 244, nous suivons la leçon : *in vinis*, au lieu de l'*in venis* donné par Migne. En l'absence d'une édition critique de la lettre d'Héloïse, il est difficile de savoir quelle leçon elle-même avait choisie.

les saints Ordres [1]. Voilà donc les religieuses soumises aux seules obligations qui lient le clergé séculier. Mais elle ne s'en tient pas là. Pourquoi faire fi des laïques ? N'allons pas nous imaginer que la vie de laïques tels qu'Abraham, Jacob et David ait été de peu de prix, bien qu'ils fussent mariés ! En fait, si nous entendons bien ce que dit saint Paul (*Rom.*, XIII, 14) : *Carnis curam ne feceritis in concupiscentiis*, ce précepte ne s'adresse pas qu'aux moines, il s'adresse aussi bien à tous ceux qui vivent dans le monde [2]. La seule différence entre un laïc et un moine, c'est que le premier peut vivre avec une femme. Il en a la permission. Mais pour tout le reste, il ne jouit d'aucun privilège et il est tenu de

1. HÉLOÏSE, *op. cit.*, col. 216 B.
2. Dans l'*Epistola VI*, Héloïse proposait un règlement de vie monastique conforme aux principes fondamentaux d'Abélard. C'est encore un cas où joue la « théologie du couple ». Appuyé sur le *Contra Jovinianum* de saint Jérôme, Abélard avait hautement loué les vertus des philosophes anciens. Car la philosophie est plus une vie qu'une science (*Theologia Christiana*, lib. II ; Pat. lat., t. 178, col 1178 C) ; leur vie et leur doctrine s'écartent peu, ou pas, du christianisme (1179 B) ; en effet, « si diligenter moralia Evangelii praecepta consideremus, *nihil ea aliud quam reformationem legis naturalis inveniemus*, quam secutos esse philosophos constat, cum lex magis figurabilibus quam moralibus nitatur mandatis, et exteriori potius justitia, quam interiori abundet, evangelium vero virtutes ac vitia diligenter examinat, et secundum animi intentionem omnia, sicut et philosophi, pensat » (1179 D). Cette interprétation de la loi évangélique comme une réformation, ou restauration de la loi naturelle, l'hostilité contre le judaïsme qui en dérive, sont à la base de toutes les propositions d'Héloïse. Mais l'abbé de Saint-Gildas n'était plus tout à fait le même homme qui avait écrit la *Theologia Christiana*, et d'ailleurs le problème n'était plus tout à fait le même problème. Il s'agissait, cette fois, de fixer une règle qui satisfît aux exigences de l'Évangile, plus la seule continence qui devient dès lors la marque propre de la vie monastique. On pouvait interpréter le principe d'Abélard en deux sens, soit en exigeant des laïcs toutes les observances imposées aux moines, soit en concédant aux moines toutes les licences accordées aux laïcs. De toute manière, on en arrivait à éliminer toute observance monastique comme telle et à nier qu'il pût y avoir une différence quelconque entre une vie *monastique* et une vie simplement *chrétienne*, sauf, toujours, la continence. Même sur ce dernier point, on notera chez Abélard, et surtout chez Héloïse, une tendance à rehausser le mariage chrétien, au nom du *De bono conjugali* de saint Augustin.

faire tout ce que font des moines. Est-ce que, par hasard,
les béatitudes n'auraient été prêchées que pour les moines ?
Si c'était vrai, le monde entier serait perdu et le Christ
aurait logé les vertus bien à l'étroit ! Si le mariage était
un tel obstacle au salut, il ne mériterait guère de respect.
Et nous voici enfin rendus où Héloïse voulait nous conduire.
L'état de perfection monastique n'ajoute *rien d'autre* que
la continence aux préceptes de l'Évangile : *quisquis evange-*
licis praeceptis continentiae virtutem addiderit, monasticam per-
fectionem implebit [1]. En d'autres termes, ce serait déjà pour
des femmes un haut degré de vie religieuse, que de s'élever
jusqu'à accomplir l'Évangile, sans le dépasser : « ne préten-
dons pas à être plus que des chrétiennes » [2].

Étonnante parole en vérité qui nous fait franchir d'un
bond près de trois siècles. *Atque utinam ad hoc nostra religio*
conscendere posset, dit Héloïse, *ut Evangelium impleret, non*
transcenderet, ne plusquam Christianae appeteremus esse. Ces
mots contiennent déjà tout l'essentiel, et le fondement même,
de la critique des observances monastiques à laquelle Érasme
se livrera sans répit. Ce qu'Héloïse vient de réclamer pour
les monastères de religieuses ne s'applique que trop évidemment, dans son esprit, aux monastères de religieux. Pour
supposer le contraire, il faudrait lui faire dire que la parole
de saint Paul ne s'adresse qu'aux hommes et que, si la chose
est interdite aux femmes, les hommes du moins peuvent
légitimement aspirer à une perfection plus haute que la perfection évangélique. Ce serait une complète absurdité. Qu'on
relise après cela le fameux Colloque d'Erasme, *Franciscani,*
on y retrouvera tout l'essentiel des idées d'Héloïse : le Christ
n'a prêché qu'une seule religion, la même pour les laïques
et pour les moines ; l'homme chrétien renonce au monde et

1. Héloïse, *op. cit.,* col. 216 D.
2. Héloïse, *op. cit.,* col. 216-217.

fait profession de ne vivre que pour le Christ, et saint Paul
n'a pas prêché cette doctrine pour les moines, mais pour
tous ; les laïcs, même mariés, sont tenus à la chasteté et à
la pauvreté tout autant que les moines ; bref la seule règle
à laquelle le chrétien soit tenu, c'est l'Évangile [1].

Une fois engagée sur cette voie, la raison si franche et si
directe d'Héloïse ne lui permettait plus de s'arrêter. Emportée
par la logique du système, elle allait toucher successivement
presque tous les points critiques sur lesquels insisteront à
plaisir les humanistes et les réformateurs du XVIe siècle.
Pourquoi interdire la viande aux moines ? La viande n'est
en soi ni bonne ni mauvaise. N'attachons donc aucune importance religieuse à ces choses indifférentes qui, en effet,
n'en ont pas [2]. Rien ne compte que ce qui peut nous conduire au royaume de Dieu. Laissons donc ces pratiques extérieures qui sont communes aux âmes vraiment pieuses et
aux hypocrites. Ce qui compte, pour le chrétien, ce sont les
actes intérieurs ; le reste est Judaïsme. Après tout, le christianisme n'a-t-il pas substitué la loi de la foi à la loi des
œuvres ? Comme le dit saint Augustin lui-même dans son
De bono conjugali, les œuvres n'ajoutent rien aux mérites :
nihil meritis superaddunt opera [3]. La théologie abélardienne
de l'intention vient ici renforcer cette critique du judaïsme
monastique et de la superstition des œuvres, d'où Héloïse
conclut hardiment que, *quelles qu'aient été leurs œuvres*, tous
les hommes de vertu égale seront traités également devant
Dieu [4]. En un temps où tant de gens se jettent aveuglément
dans la vie monastique, font profession d'une Règle qu'ils

1. Cf. ERASME, *Colloquia*, surtout *Franciscani* et *Ictyophagi*, avec HÉLOÏSE,
Epist. VI, Pat. lat., t. 178, col. 220 C-222 A.
2. Sur la doctrine stoïcienne des *indifferentia* voir SÉNÈQUE, *Ad Lucilium*,
Epist. CXVII et saint JÉRÔME, *Epist. CXII, ad Augustinum*, n. 16 ; Pat.
lat., t. 22, col. 926.
3. HÉLOÏSE, *op. cit.*, col. 222 B.
4. HÉLOÏSE, *op. cit.*, col. 222-223.

ignorent et assument des fardeaux qu'ils ne peuvent porter [1], Héloïse ose leur dire qu'ils s'exposent à commettre le crime de rompre un vœu qu'ils n'auront nul mérite à observer.

Au nom de quelle autorité toute cette critique ? Héloïse nous l'a dit : *discretio, ratio.* Car tel est l'enseignement de saint Paul, de saint Augustin et de saint Jérôme, mais c'est aussi celui de Sénèque, que nous ne devons guère nous soucier des choses extérieures, c'est-à-dire de ces choses *quae sunt exterius et indifferentia vocantur* [2] : Ainsi, Héloïse est demeurée fidèle jusqu'au bout aux maîtres dont Abélard lui avait inculqué le respect ; elle les a même suivis un peu plus loin que n'osa jamais le faire son maître, car il s'en faut de beaucoup qu'elle ait obtenu de celui qu'elle aimait, qu'il la libérât complètement du redoutable fardeau qu'elle n'avait jadis assumé et ne continuait de porter que pour lui obéir. Si Héloïse avait cessé de croire à la vertu des observances monastiques, Abélard n'a jamais pu se résoudre à la décharger d'aucune pénitence qui s'imposât également à une laïque pieuse et pauvre. Ce qu'il exigera d'Héloïse, ce ne sera pas seulement la continence, mais la pauvreté la plus extrême, un silence perpétuel et absolu, nul excès même dans l'usage des signes, la vie commune pour toutes, y compris l'abbesse, des ornements d'église pauvres et une chapelle nue comme les voulaient saint Bernard, le lever de nuit pour chanter l'office, enfin, pour maintenir l'ordre dans le monastère, un système strict de délation soutenu par des châtiments corporels, car il est écrit dans les *Proverbes* (xxvi, 23) : le fouet pour le cheval, la corde pour l'âne et la verge pour le dos des imprudents [3]. Tout cela agrémenté de quelques citations de Lucain, d'Ovide, mais aussi d'une de Sénèque qui surprend un peu après ce qu'on vient de

1. Héloïse, *op. cit.*, col. 218 C.
2. Héloïse, *op. cit.*, col. 224 A.
3. Abélard, *Epist. VIII* ; col. 283 C.

lire. Sénèque « cet éminent apôtre de la pauvreté et de la continence et le suprême maître de morale entre tous les philosophes, dit dans sa *Lettre V. à Lucilius*, que notre but est de vivre selon la nature ; or il est contre la nature de torturer son corps, de haïr des commodités faciles, de cultiver la crasse et de faire usage d'aliments, non seulement vils, mais infects et répugnants ». *Frugalitatem exigit philosophia*, dit Sénèque, que cite Abélard, *non poenam*. Ainsi évoquées par Sénèque quelques-unes au moins des facilités sollicitées par Héloïse vont venir alléger la règle du Paraclet.

Après tout, qu'est-ce que pécher ? C'est agir contre sa conscience, dont le témoignage suffit à condamner ou à absoudre l'homme devant Dieu. En ce qui concerne le boire et le manger, que chacun suive donc la voie de sa conscience, comme le conseille l'Apôtre ; rien de ce que nous pouvons manger sans scandale pour nous ni pour les autres ne nous est interdit. Satisfaire aux besoins de la nature sans tomber dans le péché, voilà la règle. Ainsi, pas de vœux imprudents, de la viande une fois par jour, des mets peu coûteux et simplement apprêtés, les mêmes jeûnes que ceux des laïques, aucune exagération en quoi que ce soit. Comme Héloïse, il veut que la discrétion, mère de toutes les vertus, préside à la vie religieuse. Que chacun voie donc ce qu'il est capable de s'imposer, et qu'il se l'impose, *naturam sequens potius quam trahens*[1]. Nul ne prétendra que le *naturam sequi* de

---

1. ABÉLARD, *Epist. VIII* ; col. 293 C. — L'étude de l'idéal monastique d'Abélard et de ses sources reste à faire. Elle serait des plus importantes et l'*Epist. V, ad Lucilium*, de Sénèque, y jouerait un rôle essentiel. Cette étude soulèverait d'ailleurs un problème difficile. Pour Abélard, le moine peut dire comme Sénèque : « propositum nostrum est, secundum naturam vivere » (*op. cit.*) ; mais l'idée qu'il se faisait d'un Sénèque quasi-chrétien l'invitait à imposer aux laïques une austérité de vie qui paraîtrait suffisante à bien des moines, plutôt qu'à concevoir la vie du moine comme les laïques, même chrétiens, conçoivent d'ordinaire la leur. Le laxisme théorique d'Abélard n'est donc pas incompatible avec le rigorisme de fait qu'il s'est imposé et qu'il a imposé

Sénèque ait déjà rendu chez Abélard tout ce qu'il devait rendre chez Erasme, mais il est là, appliqué déjà par Abélard comme par Héloïse aux observances monastiques, gros de toutes les conséquences qui devaient plus tard en sortir.

Quelle est donc la leçon des faits ? Qu'Abélard fut le premier homme moderne ? Ce serait substituer une sottise à d'autres. Qu'Héloïse fut la première femme moderne ? On dirait bien plutôt, avec Jean de Meung, que le monde n'en a jamais revue de pareille :

> *Mais je ne crei mie, par m'ame,*
> *Qu'onques puis fust nul tel fame.*

Nous nous contenterions volontiers de bien moins : qu'au moment d'enfermer le Moyen Age ou la Renaissance dans une de ces définitions brillantes qui leur sont chères, les historiens de la littérature se souviennent de cette folle petite Française, hantée par l'idéal de la grandeur romaine comme par celui de la grandeur chrétienne, qui ne sut jamais au juste si elle était l'Eustochium d'un nouveau saint Jérôme ou la Cornélie d'un nouveau Pompée et qui, prenant le voile à Argenteuil pour l'amour d'un homme, se consacra pour toujours à Dieu en récitant des vers de la *Pharsale*. Car enfin, ce drame passionnel peuplé de clercs, de moines et de nonnes est bien une histoire du XIIᵉ siècle. On peut le lire comme une histoire chrétienne et c'en est véritablement une. Héloïse sait le latin, le grec et de l'hébreu, étudie la Bible, théologise, réclame des *Consolationes* et des *Exhortationes* comme l'avaient fait les filles spirituelles de saint

à Héloïse. Erasme usera des mêmes principes théoriques, mais il mettra moins de rigueur dans leur application. Ni Abélard n'a complètement « monachisé » les laïques ni Erasme n'a complètement laïcisé les moines. C'est que ni l'un ni l'autre n'ont complètement christianisé ni paganisé Sénèque, tous deux cherchant l'un et l'autre des nombreux équilibres possibles dans la complexité de l'humanisme chrétien. — Sur les velléités de rigorisme de Sénèque lui-même, voir *Epist. ad Lucilium*, CVII.

Jérôme et parce qu'Eustochium, Paula, Asella l'avaient fait avant elle. Qui saura jamais dans quelle mesure l'ambition d'égaler, fût-ce par la pénitence, la gloire que ces héroïnes de la vie spirituelle avaient conquise dans la continence, a pu aider Héloïse à vivre si longtemps, et si parfaitement, l'idéal d'un état dont elle ne se sentait pas la grâce ? Mais saint Jérôme est plein de Sénèque ; ce grand saint lui-même lui inspire le respect du stoïcisme, et comme la théologie augustinienne de l'intention commente et justifie le mépris stoïcien des *indifferentia*, on ne sait plus très bien quelles forces spirituelles dominent cette bataille, dont les observances monastiques sont l'enjeu, et qui menace si directement l'une des institutions les plus typiques du moyen âge. Pourquoi Héloïse s'élève-t-elle avec un si froid dédain contre les exigences de la Règle monastique ? Parce que, comme elle le fait dire par saint Paul, c'est du judaïsme ; parce que, comme elle le fait dire par saint Augustin, tant d'œuvres sont inutiles s'il est vrai que l'intention seule compte ; parce que, comme elle le fait dire à Sénèque, toutes ces questions de vêtement, de boisson et de nourriture rentrent dans la classe des *indifferentia*, dont le sage ne fait pas dépendre sa sagesse. Héloïse écrit froidement ces choses en plein XII⁰ siècle, de sa cellule d'abbesse du Paraclet, au nom de la vertu de prudence et de la raison « mère de toutes les vertus ». Mais cette nouvelle Paula est également une héroïne de roman, la Nouvelle Cornélie qui prépare à son tour la Nouvelle Héloïse. Car Lucain, lui aussi, est plein de stoïcisme et les héros de la *Pharsale* peuvent aisément se faire entendre d'une âme que Sénèque a façonnée. Comme Héloïse, Cornélie avait été la maîtresse de Pompée avant de l'épouser : du moins, l'ombre de Julie l'en accuse[1] ; comme Héloïse, Cornélie entraîne à la ruine le héros qu'elle

1. LUCAIN, *Pharsale*, III, 23.

adore : *O conjux, ego te scelerata peremi* [1]. Mais si, d'une source quelconque, Héloïse a pu connaître ce que Plutarque en écrit dans la *Vie de Pompée* [2], elle y a lu que Cornélie, beaucoup mieux instruite que ne l'étaient les femmes de son temps, avait étudié les Lettres, savait la géométrie et avait suivi avec fruit l'enseignement des philosophes. D'ailleurs on reprochera beaucoup à Pompée d'avoir épousé une femme trop jeune pour lui et un mariage qui le détournerait du souci des affaires publiques. De laquelle des deux histoires s'agit-il ? Est-ce Pompée dont l'abbesse du Paraclet s'accuse d'avoir causé la ruine ? Est-ce Cornélie qui a causé la perte d'Abélard ? L'un est aussi vrai que l'autre, car Héloïse est Cornélie, et Paula, et Asella, comme son Abélard est un Sénèque en même temps qu'un saint Jérôme. Comment s'en étonner, dans une histoire où, pour saint Jérôme lui-même, Sénèque le Philosophe est un admirateur de saint Paul ?

Tels sont les faits. Avant de trouver une formule pour définir le moyen âge, il faudrait en trouver une pour définir Héloïse. Je conseillerais ensuite d'en chercher une pour définir Pétrarque. Ceci fait, que l'on en cherche une troisième pour définir Érasme. Ces trois problèmes une fois résolus, on pourra procéder en toute sûreté à définir le Moyen Age et la Renaissance. Trois plus deux font cinq impossibilités. Ceux qui n'ont aucun goût pour les entreprises de ce genre se contenteront donc de poursuivre la lecture et l'analyse des textes. Comme des explorateurs en pays inconnu, ils ne feront rien de plus que d'écrire leur journal de voyage. Autour de l'étroit sillon que trace leur route, derrière ce qu'ils voient à droite et à gauche, s'étend le vaste pays de ce qu'ils ne voient pas. Mais d'autres qu'eux y passent ou y passe-

1. *Op. cit.*, VIII, 639.
2. PLUTARQUE, *Vie de Pompée*, ch. LV. — Cf. la note de M. A. Bourgery, dans son édition de *La Pharsale*, t. I, p. 165, note 1.

ront, et lorsque ces itinéraires se recouperont les uns les autres, non seulement chacun pourra voir davantage, mais il verra dans une lumière plus juste le peu de choses que lui-même avait vu. Devant une réalité perçue dans sa complexité ordonnée, qui donc se souciera encore de formules ? Ce n'est pas pour nous débarrasser d'elle que nous étudions l'histoire, mais pour sauver du néant le passé qui s'y noierait sans elle ; c'est pour faire que ce qui, sans elle, ne serait même plus du passé, renaisse à l'existence dans cet unique présent hors duquel rien n'existe. Pour que cet humain existe de nouveau dans sa complexité individuelle et concrète, il suffit de le connaître ; pour nous enrichir de sa substance, il suffit de l'aimer.

APPENDICES

I

L'AUTHENTICITÉ DE LA CORRESPONDANCE
D'HÉLOÏSE ET D'ABÉLARD

Le problème de l'authenticité de la correspondance attri-
buée à Héloïse et Abélard n'est pas nouveau. Dès 1841,
Orelli attribuait la composition de ce recueil, *propter mul-
tas rationes*, à un ami et admirateur des deux amants, qui
aurait rédigé ces lettres après leur mort [1]. Malheureusement,
comme Orelli ne dit rien des nombreuses raisons qui l'ont
conduit à cette conclusion, il n'est pas possible de les discuter. Au contraire, on connaît fort bien celles qui décidèrent
Ludovic Lalanne à soutenir, en 1857, que le recueil des
lettres attribué aux deux amants présentait des traces évi-
dentes de remaniements postérieurs. Beaucoup moins radi-
cales que celles d'Orelli [2], les conclusions de L. Lalanne ont

1. Voir la note de Ludovic LALANNE, *La correspondance littéraire*, t. I.
(5 mars 1857), p. 109, note 2.
2. Lalanne s'avoue embarrassé, car si certains passages ne peuvent pas
avoir été écrits tels quels par Héloïse, du moins à l'époque qu'il faudrait leur
assigner d'après les lettres, « il en est d'autres, et c'est le plus grand nombre,
qui semblent inattaquables ». Il prouve donc que la correspondance a été
rédigée à loisir par Héloïse, après la mort d'Abélard, mais d'après les lettres
qu'à diverses époques elle avait écrites ou reçues : L. LALANNE, *Quelques doutes
sur l'authenticité de la correspondance amoureuse d'Héloïse et d'Abélard*, dans
La correspondance littéraire, t. 1 (5 décembre 1856), p. 32-33. Il peut y avoir
du vrai dans cette supposition.

le mérite d'être discutables, parce qu'elles se fondent sur des arguments précis, ou, du moins, sur des arguments parmi lesquels il s'en trouve un qui est assez précis pour pouvoir être discuté. Le voici, réduit à sa forme la plus simple, mais exactement résumé : d'après l'*Historia calamitatum*, dont le récit mérite entière confiance, Abélard est revenu de Saint-Gildas de Rhuys au Paraclet pour y installer Héloïse. Il a donc revu Héloïse, et Héloïse l'a certainement revu lors de l'installation des religieuses bénédictines au Paraclet, en 1129 ; or, dans la première lettre écrite par Héloïse en réponse à l'*Historia calamitatum*, elle déclare expressément n'avoir jamais revu Abélard depuis leur entrée en religion : « Dites-moi seulement, si vous le pouvez, pourquoi, *depuis notre conversion*, que vous seul avez résolue, vous m'avez tellement négligée, tellement oubliée que je n'ai eu ni votre présence pour me réjouir, ni même, en votre absence, une lettre pour me consoler. » D'où la conclusion de L. Lalanne : « En supposant même, ce qu'il est fort difficile d'admettre, qu'Héloïse n'eût pas revu Abélard depuis son malheur jusqu'au moment où, chassée d'Argenteuil, elle fut accueillie au Paraclet en 1129, toujours est-il qu'à cette dernière époque elle l'a revu. Comment donc peut-elle se plaindre que depuis leur entrée en religion, c'est-à-dire depuis 1119 ou 1120, elle n'eût pu obtenir ni sa présence ni une seule lettre ? Et elle écrivait ceci en 1133 ou 1134 ! Je ne puis croire que ce soit elle qui ait tracé ces lignes [1]. »

Ni les arguments ni la conclusion de Lalanne ne semblent avoir alors donné naissance à aucune controverse [2]. En 1913, B. Schmeidler les reprit expressément à son compte et les

---

1. L. LALANNE, *op.art. cité*, p. 30.
2. La réponse de B. Hauréau à Lalanne porte sur un autre point ; refusant de discuter le problème de l'authenticité des lettres, il se borne à signaler un texte qui prouve qu'Abélard était abbé de Saint-Gildas en 1127 ; voir *La Correspondance littéraire*, t. I (5 mars 1857), p. 110.

enrichit d'arguments nouveaux [1]. Plus récemment encore, Mlle Charlotte Charrier reprit et compléta à son tour les arguments de B. Schmeidler, si bien qu'après avoir été longtemps négligée la thèse de L. Lalanne se trouve aujourd'hui présentée comme le dernier mot de la critique historique sur la question [2].

Il s'en faut pourtant de beaucoup qu'un tel succès soit mérité, mais puisque Lalanne a finalement réussi à se faire des disciples, il devient inévitable de reprendre la question. C'est ce que nous voudrions faire dans les pages qui suivent, en discutant sa thèse sous la forme perfectionnée que lui ont donnée B. Schmeidler et Mlle Ch. Charrier. Si fastidieuses que soient les discussions de ce genre, l'enjeu de celle-ci vaut la peine qu'on s'y attarde, car non seulement Héloïse et Abélard, mais le XIIe siècle même changent d'aspect selon que l'on admet ou que l'on nie l'authenticité de ce remarquable document.

Le premier argument transmis par Lalanne à B. Schmeidler et par Schmeidler à Mlle Charrier est celui que nous avons résumé : L'Historia calamitatum, point de départ de la correspondance, ne peut pas avoir été écrite avant 1132, puisqu'elle fait mention d'un privilège du Pape Innocent II, dont nous savons qu'il fut accordé au Paraclet le 28 novembre 1131. En outre, puisque Abélard y décrit les persécutions déjà longues qu'il a subies à Saint-Gildas, l'Historia ne peut guère avoir été écrite qu'entre la fin de 1132 et l'année 1134. Abélard nous y raconte comment, après l'expulsion des religieuses d'Argenteuil, il est revenu de Saint-Gildas au Para-

1. B. SCHMEIDLER, Der Briefwechsel zwischen Abélard und Héloïse eine Fälschung ? dans Archiv. für Kulturgeschichte, XI Bd. (1913), p. 1-30. — Cf. p. 7, note 1.

2. Ch. CHARRIER, Héloïse dans l'histoire et dans la légende, in-8° de VII-688 pp., Paris, H. Champion, 1933. — Cf. « Nous adoptons pleinement l'opinion de M. Schmeidler...) », etc., p. 13.

clet pour y installer Héloïse et plusieurs de ses compagnes.
Il a donc certainement revu Héloïse à ce moment. Or, ce
seul fait rend impossible la première lettre d'Héloïse à Abélard, car Héloïse affirme à deux reprises que, depuis que
tous deux sont entrés en religion — *seit sie beide ins Kloster
getreten sind* — elle n'a plus ni revu Abélard en personne,
ni reçu de lui aucune lettre. Il faut donc choisir entre l'*Historia calamitatum* et la lettre d'Héloïse ; il ne peut pas être
vrai, en même temps, qu'Abélard ait installé Héloïse au
Paraclet, comme le veut l'*Historia*, et qu'Héloïse n'ait jamais revu Abélard, comme le veut la première lettre qu'elle
lui écrit. Or la valeur de l'*Historia calamitatum* est inattaquable ; c'est donc la lettre d'Héloïse qui est fausse [1].

L'argumentation de B. Schmeidler s'appuie sur deux
textes essentiels (dont le second est celui sur lequel s'appuyait
déjà Lalanne) et qu'il cite d'après le texte de Victor Cousin [2].

1º « Unde non mediocri admiratione nostrae tenera conversionis initia tua iam dudum oblivio movit, quod nec
reverentia Dei, nec amore nostri, nec sanctorum patrum
exemplis admonitus, fluctuantem me et iam diutino moerore
confectam vel sermone praesentem vel epistola absentem
consolari tentaveris. »

2º « Dic unum, si vales, cur post conversionem nostram,
quam tu solus facere decrevisti, in tantam tibi negligentiam
atque oblivionem venerim, ut nec colloquio praesentis recreer,
nec absentis epistola consoler : dic, inquam, aut ego quod
sentio, imo quod omnes suspicantur dicam... », *etc.*

S'il fallait expliquer comment nos critiques modernes en
sont arrivés à comprendre ces textes comme ils les ont compris, c'est probablement dans la manière dont Lalanne a

---

1. Schmeidler, *op. cit.*, p. 3-5. Repris par Ch. Charrier, *op. cit.*, p. 13-15.
2. V. Cousin, *P. Abaelardi opera*, t. 1, p. 74 et p. 76. — Cf. Migne, Pat.
lat., t. 178, col. 184 B et 186 B.

traduit le deuxième texte qu'il conviendrait d'en chercher la cause [1]. Mais Lalanne lui-même vient après Oddoul, et la traduction de ce même texte par Oddoul pourrait bien être l'origine de toute cette histoire. Oddoul le traduisait en effet ainsi : « Dites-moi seulement, si vous le pouvez, pourquoi, depuis notre entrée en religion, que vous avez résolue sans me consulter, vous m'avez tellement négligée, tellement oubliée, qu'il ne m'a été donné d'obtenir ni votre présence pour retremper mon courage, ni même une lettre pour me faire supporter votre éloignement [2]. » Octave Gréard, dans son élégante et souvent heureuse traduction des lettres en question, entend de manière analogue le même passage : « Dis-moi seulement, si tu le peux, pourquoi, depuis ma retraite que toi seul as décidée, tu en es venu à me négliger, à m'oublier si bien, qu'il ne m'a été donné ni de t'entendre pour retremper mon courage, ni de te lire pour me consoler de ton absence... », etc. [3]. Mlle Charrier, qui suit généralement Gréard, remplace le tutoiement dont il use par un vouvoiement plus distingué, mais conserve tout le reste de sa traduction [4]. Un faux sens commis par Oddoul, repris par Lalanne, puis par Gréard, commis de nouveau par Schmeidler et docilement accepté par Mlle Charrier est, comme on va le voir, l'origine de cette difficulté [5].

Remarquons d'abord que ce deuxième texte ne dit pas « ma retraite », comme le veulent Gréard et Mlle Charrier,

1. L. Lalanne, art. cit., p. 30.

2. M. et Mme Guizot, Abailard et Héloïse, essai historique... suivi des Lettres d'Abailard et d'Héloïse traduites sur les manuscrits de la Bibliothèque royale par M. Oddoul. Nouvelle édit. entièrement refondue, Paris, Didier, 1853, p. 111.

3. O. Gréard, Lettres complètes d'Abélard et d'Héloïse, traduction nouvelle précédée d'une Préface ; Paris, Garnier, s.d., p. 59.

4. Ch. Charrier, op. cit., p. 14.

5. On pourrait remonter plus haut encore, jusqu'à Dom Gervaise, Lettres véritables d'Héloïse et d'Abélard, 2 vol., Paris, Musier, 1723. — Cf. t. 1, p. 38-39.

mais bien « notre retraite » — *conversionem nostram* — c'est-à-dire, selon la traduction d'Oddoul, « notre entrée en religion » : celle d'Héloïse à Argenteuil, celle d'Abélard à Saint-Denys. On pourrait soutenir qu'Héloïse emploie ici le pluriel de majesté, mais, si elle le faisait, les verbes qui suivent devraient normalement être au pluriel ; or ils sont au singulier : « *venerim... recreer... consoler...* » ; c'est donc bien de *leur* entrée en religion qu'elle parle et « *notre* retraite » est la seule traduction correcte du passage.

Ajoutons, point non moins important, que ni Oddoul, ni Gréard, ni Mlle Charrier n'ont hésité à mettre au passé du subjonctif dans leurs traductions deux verbes qui sont au présent du subjonctif dans le texte latin. *Recreer, consoler,* ne peuvent pas se traduire : « il ne m'*a été* donné ni de vous entendre... ni de vous lire... », mais bien : « il ne m'*est donné* ni de vous entendre... ni de vous lire... ». Mais si l'on corrige en ce sens la traduction, on va obtenir la phrase assez gauche : « *depuis* notre retraite, il ne m'*est* donné... ». Évidemment, *depuis* appelle un verbe au passé, et c'est d'ailleurs pourquoi Oddoul, Gréard et Mlle Charrier, l'un suivant l'autre, ont spontanément mis au passé les verbes qui suivent. Ils ont donc une excuse, mais non pas une raison, car le latin du *post* peut signifier soit *depuis,* soit simplement *après,* selon le temps du verbe qui suit. Dans la phrase d'Héloïse : *post conversionem nostram,* etc., le sens normal paraît bien être : après notre commune entrée en religion, que toi seul a décidée, tu m'abandonnes au point..., etc. Au contraire, dans sa réponse à cette même phrase, Abélard écrira : « quod *post* nostram a saeculo ad Deum conversionem nondum tibi aliquid consolationis vel exhortationis *scripserim...* [1] » ; ce qui veut dire, cette fois, que *depuis* leur commune entrée

---

1. ABÉLARD, *Epist. III* ; Pat. lat., t. 178, col. 187 B. Cette phrase, qui commence la lettre d'Abélard, répond à la fin de la lettre d'Héloïse, 186 B-188 A.

en religion, Abélard n'*a écrit* à Héloïse aucune lettre de consolation ou d'exhortation [1] ; mais Abélard ne dit pas qu'il n'ait jamais revu Héloïse depuis leur profession religieuse ; en fait, il dit tout le contraire (191 B). Chaque phrase doit donc être interprétée pour elle-même, et celle dont nous cherchons le sens veut dire simplement : après notre entrée en religion dont toi seul a pris la décision, je suis tombée en tel délaissement et en tel oubli, que je n'ai ni ta présence et ta parole pour retremper mon courage, ni lettre de toi pour me consoler de ton absence. Entre ce texte correctement traduit et l'*Historia calamitatum*, aucune contradiction n'apparaît ; car Héloïse ne s'y plaint pas de n'avoir jamais revu Abélard, mais de son absence, qui était un fait, et de ne recevoir aucune lettre de consolation ou de direction, ce qui était un autre fait. Il suffit de se mettre en règle avec la grammaire pour voir s'évanouir la difficulté.

Reste alors le premier texte, celui de l'*Epist. II*, col. 184 B, où Héloïse elle-même use d'un passé : *tentaveris* ; d'où la traduction de Gréard : « rien ne t'a inspiré la pensée de venir me fortifier par tes entretiens, ou du moins de me consoler de loin par une lettre ». Si donc *nostrae conversionis* signifie également ici : notre profession religieuse, toi à Saint-Denys, moi à Argenteuil, il est clair qu'en accusant Abélard de n'être jamais venu la voir au Paraclet, Héloïse contredit l'*Historia calamitatum* et que l'un des deux textes est sans valeur historique. Mais il n'est aucunement évident que le sens de *nostrae conversionis* soit celui-là ; dans le contexte où nous les trouvons, ces deux mots peuvent aussi bien

1. Il s'agit ici de lettres de direction comme saint Ambroise et saint Jérôme en avaient écrit à leurs dirigées. A parler strictement, la phrase n'exclut même pas la possibilité d'un échange de lettres, aujourd'hui perdues, qui n'eussent contenu que des nouvelles. Par exemple, Abélard peut avoir écrit à Héloïse pour la prévenir du dessein qu'il avait de lui donner le Paraclet et pour l'y convoquer, sans qu'il y ait contradiction avec les phrases que nous avons analysées.

désigner la *conversio* d'Héloïse et des quelques religieuses
qui l'ont suivie au Paraclet, bref, le début de leur vie monastique au Paraclet, que la profession religieuse d'Héloïse et
d'Abélard, Ce qui a détourné traducteurs et critiques de
ce sens, dont on verra que le contexte l'appelle, c'est que
le mot *conversio* suggère naturellement l'image d'une entrée
en religion, et que d'ailleurs il a vraiment ce sens plus loin,
dans 186 B : « notre entrée en religion, que toi seul as décidée... ». Mais les deux passages semblent parallèles ; puisque
conversio veut dire : entrée en religion dans le second, pourquoi signifierait-il autre chose dans le premier ? Or ni Héloïse,
ni ses sœurs n'ont pris le voile au Paraclet ; c'est à Argenteuil
qu'elles ont fait profession de vie monastique ; et comme,
cette fois, le verbe est bien au passé : *tentaveris*, il suit
qu'Héloïse n'aurait jamais revu Abélard depuis sa prise de
voile, ce qui contredit l'*Historia calamitatum* et la réponse
même d'Abélard.

Nous pouvons répondre à cela que *conversio* ne signifie
pas seulement : profession religieuse, mais aussi bien : vie
monastique. Dans tous les anciens textes bénédictins, les
deux mots *conversio* et *conversatio* sont pratiquement inter-
changeables, à tel point que, dans les éditions critiques de
la *Regula monasteriorum*, presque partout où *conversatio* se
rencontre dans le texte, on trouve *conversio* dans les variantes.
Inutile de revenir ici sur les raisons de ce fait, que Dom
C. Butler a signalé et interprété [1]. Ce qu'il nous importe
de retenir c'est seulement la nuance de sens qui a provoqué
ces échanges entre les deux mots. *Conversatio*, au sens pau-
linien [2], suggérerait plutôt l'état, où même la régle de vie
monastique : *conversio* suggérerait plutôt l'entrée dans la

---

1. D. C. BUTLER, *Le monarchisme bénédictin*, Paris, de Gigord, 1924 ; p. 144-
145. — Cf. B. LINDERBAUER, *S. Benedicti Regula monasteriorum*, Bonn, 1928 :
cap. I, l. 8 ; cap. LVIII, l. 2 et 26 ; cap. LXIII, l. 4 et 5.
2. Par exemple : « nostra autem conversatio in coelis... ». *Philipp.*, III, 30.

vie monastique, par prise de voile ou par profession religieuse. En fait, l'un ou l'autre mot peut éventuellement signifier l'une ou l'autre chose, mais leurs sens normaux sont bien ceux-là. Il suffit d'ailleurs de consulter la correspondance même d'Héloïse et d'Abélard pour constater la présence de ce double sens :

119 A : *suae conversionis habitus* : G. de Champeaux entre aux Chanoines réguliers de Saint-Victor. Sur quoi Hildebert, évêque du Mans, lui écrit : « De conversione et conversatione tua laetatur... anima mea » (118, note 17).

134 A : *vestes quoque ei (Héloïssae) religionis, quae conversioni, [al. conversationi] monasticae convenirent* : André Duchesne a hésité sur la bonne leçon ; ici, c'est évidemment *conversationi*.

136 A : *devotio conversionis* : l'acte de se vouer à la vie religieuse ; l'emploi de *conversio* est normal.

186 C : *monasticae conversationis asperitatem* : la dureté de la vie religieuse ; *conversationis* était attendu.

213 C : *nostrae conversationis [al. conversionis et professionis] statum* : A. Duchesne hésite de nouveau ; *conversationis* est correct.

218 C : *ad monasticam conversationem [al. conversionem] currentes* : même cas ; *conversationem* est la bonne leçon.

257 D : *vestram instruere conversationem* : votre vie religieuse au Paraclet.

258 D : *Hanc autem ad Deum spiritalem a saeculo conversionem* : cette conversion spirituelle qui vous détourne du siècle et vous tourne vers Dieu.

Si l'on ajoute à ces exemples toute une série de textes où *conversio* signifie manifestement « entrée en religion »[1], on

---

1. « Post conversionem Berengarii patris mei ad professionem monasticam » (122 A). — « nostrae conversionis miserabilem historiam » (181 B). — « post nostram a saeculo ad Deum conversionem » (187 B). — « de nostrae

accordera sans doute que le sens normal du terme est bien celui-là, *conversatio* signifiant plutôt au contraire, dans la langue d'Abélard et d'Héloïse, l'état de vie monastique. Ni Gréard, ni Mlle Charrier n'ont donc eu tort de donner à *conversio* le sens de « profession religieuse », qui est en effet le sien ; mais Mlle Charrier a eu tort de fonder sa critique sur le sens de ce mot sans s'assurer d'abord qu'il était dans le texte. Car il n'y est pas. Des quatre manuscrits les plus anciens, trois s'accordent à donner en toutes lettres *conversacionis* pour le texte 184 B, et, au contraire, *conversionem* pour le texte 186 B [1]. Il n'est pas douteux que, dans les deux cas, la leçon de ces manuscrits ne soit la bonne ; Duchesne et Cousin auraient bien fait de la suivre, et Duchesne a eu grand tort de ne pas marquer au moins une hésitation sur ce point. *Nostrae tenera conversationis initia* veut bien dire : les débuts encore fragiles de la vie religieuse que nous menons ici, au Paraclet.

Il suffit alors de remettre le texte ainsi rétabli dans son contexte, d'où l'on n'eût jamais dû l'arracher, pour s'assurer qu'il n'y est pas question d'autre chose. Héloïse se plaint qu'Abélard ait écrit pour son ami une *Historia calamitatum*, alors qu'il la laisse sans nouvelles, elle et les autres religieuses du Paraclet. Or, lui dit-elle, nous ne sommes pas seulement tes amies, ni même tes grandes amies *(amicissimas)*, ou tes compagnes *(socias)*, nous sommes tes filles.

---

conversionis modo » (204 D). — « in hoc videlicet nostrae conversionis modo » (205 B).

1. Bibl. Nat., Fonds latin, 2544 f° 14 v *b* ; et 2923, f° 15 r *a* ; ces deux manuscrits sont du xiv° siècle. — Le ms. de Reims, 872, donne également *conversationis* en toutes lettres, et *conversionem* (f° 124 r° et 128 v°). Seul, le ms. de Troyes, 802, donne *conversionis* et *conversionem* (f° 19 v° et 20 v°) et c'est cette leçon fautive qui a malheureusement prévalu. Ces deux derniers manuscrits sont généralement attribués au xiii° siècle, mais sans raisons décisives semble-t-il. Ils pourraient appartenir au xiv° siècle comme ceux de Paris.

Si tu doutes un instant de ta dette envers elles *(erga eas)*, tu n'as qu'à considérer les faits. C'est toi qui es, après Dieu, le seul fondateur de cette maison *(hujus loci)*, et le seul artisan de cette congrégation *(solus hujus congregationis aedificator)*. Tout ce qui est ici est ta création : les bâtiments et l'oratoire. C'est donc bien à toi qu'est due cette sainte plantation nouvelle, dont les plants encore tendres réclament tes soins assidus : *tua haec est proprie in sancto proposito novella plantatio, cujus adhuc* teneris *maxime plantis frequens... necessaria est irrigatio.* D'ailleurs, il s'agit de femmes, et la faiblesse de leur sexe suffirait seule à expliquer la faiblesse de cette fondation : *est infirma, et si non esset nova.* Tu perds ton temps à cultiver à Saint-Gildas de Rhuys la vigne d'un autre, au lieu de t'occuper de la tienne : « Toi qui te montres si généreux envers des ennemis, réfléchis à ce que tu dois à tes filles *(quid filiabus debeas meditare)*. Et, sans parler des autres, pèse la dette que tu as contractée envers moi ; ainsi, ce que tu dois à toutes ces pieuses femmes, tu t'en acquitteras plus pieusement encore envers celle qui est tienne d'une manière unique. Combien de longs et graves traités les saints Pères ont composés, et avec quel soin, pour instruire, exhorter ou même consoler de saintes femmes, ta grandeur le sait mieux que notre petitesse. Aussi depuis longtemps déjà les prémices encore frêles de notre communauté religieuse n'ont-elles pas été médiocrement surprises que, ni par respect pour Dieu, ni par amour pour nous, ni pour suivre l'exemple des saints Pères, tu n'aies essayé, quand je chancelle épuisée par une douleur invétérée, soit de venir me consoler par ta parole, soit de m'écrire de loin » (col. 183 B-184 B).

Il est difficile de souhaiter plus de consistance dans ce qui n'est après tout qu'une lettre, si étudiée soit-elle. Abélard a le devoir strict d'écrire à ses filles du Paraclet ; qu'il s'acquitte donc de ce devoir dans la personne de leur abbesse, qui n'est pas seulement sa fille, comme elles le sont toutes, mais sa femme, et possède des droits uniques sur lui. Le deuxième texte reproduit exactement le même mouvement de pensée : « Dis-moi seulement, si tu le peux, pourquoi après *notre* entrée en religion que toi seul as décidée *(post conversionem nostram, quam tu solus facere decrevisti)*, je me trouve si négligée et si oubliée, que je n'ai ni l'encouragement de tes entretiens et de ta présence, ni, en ton absence, la consolation d'une lettre. Dis-le moi donc, si tu peux ; ou bien c'est moi qui dirai ce que j'en pense, et ce dont d'ailleurs tout le monde se doute » (col. 186 B). Cette fois, il s'agit bien de conversion, au sens d'entrée en religion, et c'est pourquoi les mêmes manuscrits du xɪvᵉ siècle donnent *conversionem* [1]. Héloïse ne perd pas de vue son idée, et c'est la même que ses deux arguments appuient : tu nous as toutes installées au Paraclet et tu n'écris même pas à tes filles dans la personne de leur abbesse ; tu m'as fait entrer en religion, et tu me laisses à présent sans direction. Si l'un seulement de ces deux arguments peut convaincre Abélard, Héloïse aura des lettres, ce qu'il s'agit pour elle d'obtenir.

Si tel est bien le sens de ces textes, l'objection principale contre l'historicité de la correspondance se réduit à ce que sont trop souvent les découvertes de la critique historique : un commentaire sur un contresens. Une fois engagé dans l'erreur, un esprit critique est capable des trouvailles les plus ingénieuses pour écarter les obstacles sans nombre auxquels

---

1. Par contre le manuscrit du xvᵉ siècle, Nouv. Acquis. lat. 1873, fᵒ 157 rᵒ, donne *conversationem*. Cette leçon aberrante peut se justifier en lui donnant le sens de *conversionem*, ce qui n'est pas impossible. Si l'on voulait garder le sens usuel de *conversationem*, il faudrait conclure que même le texte 186 B ne s'applique pas à la profession religieuse d'Abélard et d'Héloïse, mais à l'installation d'Héloïse au Paraclet. Ce n'est guère croyable étant donné la réponse d'Abélard (187 B). On notera que pour le passage suivant, 186 C, où *conversationis* est le terme naturel, les ms. 1873, 2544, 2545 et 2923 s'accordent à le donner.

il ne manque pas de se heurter. Car tous les textes doivent confirmer sa thèse, même s'ils paraissent à première vue l'infirmer. Ainsi, nous avons déjà cité le texte de l'*Epist. III*, où Abélard avoue n'avoir jamais écrit de lettre de consolation ou d'exhortation à Héloïse depuis leur entrée en religion. B. Schmeidler en conclut que toute la lettre est condamnée par ce seul début ; puis il s'aperçoit qu'en fait Abélard s'accuse seulement de n'avoir pas écrit à Héloïse, non de n'être pas venu la voir, de sorte qu'aucune contradiction n'existe entre l'*Epist. III* et l'*Historia calamitatum*. Pour éviter ce malheur, dans la même note où il constate que son argument ne vaut rien, B. Schmeidler le présente sous une deuxième forme : « Si la lettre avait été réellement écrite par Abélard, en réponse à la deuxième lettre qu'il eût réellement reçue, il n'aurait pas pu s'exprimer comme ci-dessus, mais il aurait dû écrire à peu près ceci : « Comment peux-tu bien me faire de pareils reproches ? Je suis pourtant allé te voir bien souvent et c'est même pourquoi de méchants propos ont couru sur moi [1] ! » D'où il résulte, d'abord, que pour qu'une lettre soit d'Abélard, il ne suffit pas qu'Abélard l'ait écrite ; il faut encore qu'Abélard l'ait écrite comme B. Schmeidler l'eût écrite à sa place ; ensuite, qu'alors qu'Héloïse reprochait à Abélard de ne jamais lui écrire, la logique voulait qu'Abélard répondît : tu n'as pas besoin que je t'écrive, puisque je suis allé te voir ! On regrette vivement que B. Schmeidler n'ait pas récrit toute cette correspondance amoureuse telle qu'Héloïse et Abélard eussent dû l'écrire pour qu'elle devînt un jour authentique : « Wie kannst du mir überhaupt solche Vorwürfe machen, ich bin doch sehr oft bei Dir gewesen... » Ce n'est pas seulement logique, c'est tout à fait charmant.

A partir de ce point, c'est-à-dire en supposant qu'Abélard

---

1. B. Schmeidler, *op. cit.*, p. 5, note 3.

eût dit, ou dû dire, ce qu'en fait il n'a jamais dit, on va
pouvoir accumuler contre l'authenticité de la correspondance
autant d'arguments que l'on voudra. Voici ceux que
B. Schmeidler et Mⁱˡᵉ Charrier ont imaginés.

1º Abélard rappelle à Héloïse que, lorsqu'il était au Paraclet, les religieuses priaient chaque jour pour lui ; il leur
envoie de nouvelles prières à réciter ; mais c'est incompré-
hensible : « Le même homme qui a commencé sa lettre par
concéder sans scrupules qu'il ne s'est jamais plus soucié de
sa femme depuis que tous deux sont entrés au couvent, lui
écrit à présent, et lui rappelle, dans la même lettre, qu'il
a été chez les religieuses dans le cloître du Paraclet, et qu'elles
ont prié pour lui[1]. » Rien, paraît-il, de plus contradictoire.
Ce le serait si Abélard avait vraiment dit qu'il n'avait jamais
revu Héloïse et ne s'était jamais soucié d'elle depuis leur
entrée en religion ; mais il ne l'a pas dit ; la contradiction
n'existe donc pas.

2º Abélard proteste, dans la IIIᵉ Lettre, contre l'antique
et obstinée plainte d'Héloïse touchant l'injustice de Dieu
à leur égard. Puisqu'ils ne se sont jamais ni vus, ni écrit,
depuis leur entrée en religion, quand a-t-il pu l'entendre
s'en plaindre[2] ? — Réponse : Abélard l'a entendue s'en
plaindre au Paraclet, c'est-à-dire trois ans environ aupara-
vant, et pendant au moins deux ans.

3º Autre objection fondée sur le même principe : « Héloïse,
toujours dans sa première lettre, parle, comme de quelque
chose d'actuel, des *frêles débuts de sa conversion* ; cette expression est vraiment exagérée au moment où l'abbesse est censée
écrire, puisqu'alors il y a déjà douze ou quinze ans qu'elle
a prononcé ses vœux[3]. » Oui, s'il s'agissait d'Argenteuil, mais

1. B. Schmeidler, *op. cit.*, p. 6.
2. Ch. Charrier, *op. cit.*, p. 16-17.
3. Ch. Charrier, *op. cit.*, p. 17-18.

le texte parle de la fondation du Paraclet, et il n'y avait pas plus d'un an et demi que le monastère était fondé lorsque Abélard s'en éloigna.

4° Abélard promet à Héloïse un psautier qu'elle a réclamé avec insistance ; « or Héloïse, dans sa lettre, n'a point parlé de psautier. Peut-être, objectera-t-on, l'a-t-elle demandé de vive voix ? Mais elle prétend qu'Abélard et elle ne se sont jamais revus » [1]. — Mais non ; Héloïse prétend seulement qu'elle n'a pas revu Abélard depuis son départ du Paraclet. Quand Abélard a vu quelle tournure prenaient les lettres d'Héloïse, et qu'elle lui demandait aide et direction pour ses filles, on peut concevoir sans peine qu'il se soit alors souvenu de sa requête : Tu peux t'occuper toi-même de tes filles, lui dit en substance Abélard, car tu as l'autorité et la science requises pour le faire ; pourtant, si ton humilité en juge autrement, et si tu as besoin de mon enseignement ou de livres, écris-moi ce que tu désires. Mais puisque, grâce à Dieu, vous vous inquiétez de moi et participez à mes afflictions, obtenez-moi par vos prières que la miséricorde divine me protège. *Ad hoc autem praecipue...* : « c'est principalement pour cela, sœur qui jadis dans le siècle m'étais chère, et qui maintenant dans le Christ m'es infiniment chère, que je me suis hâté de t'envoyer le psautier que tu m'as réclamé avec insistance » [2]. Pourquoi Héloïse n'aurait-elle pas réclamé un psautier avec insistance pendant qu'Abélard était encore avec elle au Paraclet ?

5° Cinquième objection, qui va d'ailleurs nous offrir l'occasion d'en régler une sixième. « Héloïse, dans sa première lettre, s'adresse à Abélard comme s'il était encore prieur de Saint-Gildas ; et Abélard répond comme s'il dirigeait tou-

---

1. Ch. Charrier, *op. cit.*, p. 18. — Emprunté à B. Schmeidler, *op. cit.*, p. 18.

2. Abélard, *Epist. III* ; Pat. lat., t. 178, col. 187 C.

jours ses moines rebelles : cela est impossible à cette date,
puisque Abélard s'est déjà enfui de son couvent quand il
écrit l'*Histoire de ses malheurs* [1]. » — Oui, il s'en était enfui
mais il y était revenu après son deuxième départ du Paraclet. De quel cloître, sinon de celui dont il est l'abbé, croit-
on qu'il parle, lorsque Abélard écrit à la fin de sa lettre :
« C'est dans le cloître où sont mes fils, c'est-à-dire mes moines,
car me les confier comme à leur abbé, c'est me les confier
comme à leur père, que je suis en butte à la violence et à
ruse de leurs machinations » [2]. Cet abbé parle bien à l'indi-
catif présent et c'est bien du milieu de ses moines qu'il écrit
à Héloïse. C'est aussi pourquoi, à deux reprises, il s'inter-
rompra pour apostropher ses moines rebelles : « O mes frères,
vous qui avez embrassé la vie monastique..., que ne pre-
nez-vous modèle sur ces saintes filles dont la faiblesse fait
honte à votre force ! » On demande : pourquoi s'adresse-
t-il à ses moines comme s'il était au milieu d'eux [3] ? — Réponse : parce qu'il y est.

Ainsi tous ces arguments s'écroulent comme un château
de cartes dès qu'on les confronte avec le texte original des
lettres d'Héloïse et d'Abélard. Sans doute, il y en a d'autres.
De même que B. Schmeidler nous conte ce qu'Abélard aurait
dû répondre à Héloïse, Mlle Ch. Charrier sait bien ce qu'à
la place d'Héloïse elle-même eût répondu à Abélard. Dans
une lettre authentique selon le goût de Mlle Charrier, Héloïse
aurait dû reprocher à Abélard les infidélités amoureuses que
nous révèle la lettre de Foulques, et l'abandon forcé de l'enfant en Bretagne [4]. En fait, comme nous l'avons déjà ob-

1. Ch. CHARRIER, *op. cit.*, p. 17.
2. ABÉLARD, *Hist. calamit.*, cap. xv, ; Pat. lat., t. 178, col. 179 B.
3. Ch. CHARRIER, *op. cit.*, p. 18. — B. SCHMEIDLER, *op. cit.*, p. 27.
4. Ch. CHARRIER, *loc. cit.* — D'autres reproches sont encore plus amusants,
surtout celui de la page 19, qui repose sur l'hypothèse, toute moderne, qu'on
ne saurait citer correctement Lucain ou Ovide sans en avoir le texte sous

servé, les allégations de Foulques se fondent sur des racontars ; la raison pour laquelle Héloïse ne reproche pas à Abélard son infidélité est peut-être simplement qu'il ne l'a pas commise. Quant à l'abandon de l'enfant, en Bretagne, Héloïse ne saurait le reprocher à Abélard, puisqu'elle en partage la responsabilité. Entre Abélard et l'enfant, elle a choisi Abélard. Ne l'en accablons pas, mais louons la plutôt de ne pas avoir commis l'imprudence de recourir à un si dangereux argument. La question n'est d'ailleurs pas là. Nous n'avons aucunement à récrire les lettres d'Héloïse telles que Mlle Charrier les eût écrites, mais à les comprendre telles qu'elles furent écrites par Héloïse. Les contradictions internes que l'on y a relevées s'appuient toutes sur un seul argument : le *nostrae conversionis* de la *Patrologie latine*, t. 178, col. 184 B. Comme l'écrivait Schmeidler, ce seul point décide de tout le reste, car « cette correspondance est un tout, un ouvrage un jusque dans sa fausseté : *ein einheitliches und einheitlich falsches Werk* »[1]. Comme écrit de son côté Mlle Charrier : « Cette correspondance forme un tout cohérent. L'invraisemblance de la première lettre d'Héloïse, de laquelle toutes les autres découlent, entraîne donc l'invraisemblance de la correspondance tout entière[2]. » Si donc l'invraisemblance de cette lettre n'existe que dans l'esprit de ses critiques, il faut retourner le jugement prononcé contre la correspondance d'Héloïse et d'Abélard ; puisqu'elle n'est pas apocryphe d'un bout à l'autre, c'est d'un bout à l'autre qu'elle est authentique : ainsi l'exige sa parfaite unité.

Nous ne sommes pourtant pas au bout de nos peines. Ayant prouvé à son entière satisfaction que la correspondance d'Héloïse est apocryphe, B. Schmeidler s'est naturel-

les yeux. Même aujourd'hui ceux qui pourraient le faire ne sont pas si rares que Mlle Charrier ne semble le croire.

1. B. SCHMEIDLER, *op. cit.*, p. 7.
2. Ch. CHARRIER, *op. cit.*, p. 15.

lement demandé quel en était l'auteur et sa réponse est : Abélard. Pourquoi ? Parce que les particularités les plus frappantes du style d'Abélard se retrouvent dans les soi-disant lettres d'Héloïse ; c'est donc Abélard qui les a, sinon écrites du moins récrites, et par conséquent falsifiées. Le fait le plus frappant est l'abus manifeste que fait Abélard des formules *tam... quam*, ou *tanto... quanto* ; or les mêmes formules reviennent avec la même fréquence dans les lettres attribuées à Héloïse ; donc ce n'est pas elle qui les a écrites [1]. Cette fois, il s'agit d'un fait exact et l'argument repose sur une base solide, mais il reste à voir quelle en est la portée.

Le fait se réduit à ceci qu'Héloïse, comme Abélard, fait un usage excessif de ces formules ; la conclusion la plus simple que l'on en puisse tirer est qu'elle a contracté ce tic littéraire d'Abélard. Rien d'étonnant à cela. En adoration devant lui comme elle l'était, comment n'aurait-elle pas imité son style ? Mlle Charrier a d'ailleurs prévu cette objection à la thèse de Schmeidler et s'est employée de son mieux à la réfuter. Où, demande-t-elle, Héloïse aurait-elle contracté ces habitudes de style d'Abélard ? Les leçons qu'elle avait reçues de lui portaient sur tout autre chose ; ils n'ont pas collaboré ; « elle a pu, dira-t-on, acquérir cette ressemblance de style par l'étude des ouvrages d'Abélard ? Les lettres d'Héloïse ne sentent point cette laborieuse manière [2]. » Non, sans doute, mais par certains procédés de style, par l'usage qu'Héloïse y fait de certains auteurs et même de certains textes favoris, par les idées et les doctrines fondamentales qu'elle lui emprunte, Héloïse s'avère en toutes choses l'élève

1. B. SCHMEIDLER, *op. cit.*, p. 8-10, et p. 16-19. — Cf. Ch. CHARRIER, *op. cit.*, p. 19-20 et p. 573-576.

2. Ch. CHARRIER, *op. cit.*, p. 22, note 7. Quant à B. Schmeidler, il refuse même de discuter la question ; en effet, *puisqu'il ne peut être question qu'Héloïse soit l'auteur des lettres qu'on lui attribue*, il n'y a pas à se demander si elle a imité Abélard en les écrivant : *op. cit.*, p. 11-12. C'est assez simple, comme l'on voit.

d'Abélard. Qu'elle ait lu ses écrits, nul n'en doute, ni même qu'elle les ait longuement médités ; à défaut de le lire, elle l'aurait souvent entendu ; l'hypothèse la plus simple est que, si originale qu'elle puisse avoir été, même dans son style, Héloïse a spontanément contracté certains des maniérismes d'Abélard. Rien n'autorise à conclure de là que ses lettres aient été soit écrites, soit même récrites par Abélard.

La faiblesse des arguments de ce genre apparaît clairement, lorsque, voulant pousser leur avantage, nos deux critiques entreprennent le relevé d'autres tournures familières au rédacteur hypothétique de cette correspondance. B. Schmeidler avait déjà signalé la fréquence des mots *saltem* et *obsecro* ; Mlle Charrier a donc entrepris de les compter, et le résultat de son enquête est qu'Héloïse a employé *saltem* dix fois, tandis qu'Abélard l'employait quatre fois [1]. Qu'est-ce que cela prouve ? Certainement pas qu'Abélard a écrit les lettres d'Héloïse, ni même que son style a déteint sur celui de sa femme. Pourquoi n'en pas conclure, au contraire, que c'est Héloïse qui a écrit les lettres d'Abélard ? Quant au relevé des emplois d'*obsecro*, il nous donne treize cas pour Héloïse contre neuf cas pour Abélard. Ici encore, qu'est-ce que cela prouve ? Que la tendance à l'obsécration est un peu plus forte chez une femme amoureuse que chez l'homme qui cherche à la calmer ? On aurait pu s'en douter sans se livrer à toute cette arithmétique ; elle ne vaut même pas la peine qu'on la retourne contre elle-même, comme il ne serait que trop facile de s'y amuser.

Plus décisive que la preuve par l'unité de style serait la preuve par l'unité de contenu et de pensée. Telle est du moins l'opinion de B. Schmeidler, qui va jusqu'à dire que si l'on peut à la rigueur discuter l'argument tiré du style, celui qui se tire des idées est écrasant [2]. En réalité, si l'on

1. Ch. CHARRIER, *op. cit.*, p. 576-577.
2. B. SCHMEIDLER, *op. cit.*, p. 20.

examine soigneusement les colonnes parallèles dressées par
Mlle Charrier d'après des matériaux fournis par Schmeidler,
bien des réserves paraissent s'imposer. Dans certains cas,
les rencontres ne portent que sur des expressions banales
empruntées aux auteurs classiques. Héloïse et Abélard em-
ploient *siccis oculis* : quel élève n'a employé ce cliché dans
un discours latin ? L'un et l'autre écrivent : *res ipsa clamat* ;
c'est exact, mais Roscelin l'écrit aussi dans son affreux libelle
contre Abélard (369 B) : soutiendra-t-on qu'il ait remanié
les lettres d'Héloïse ? En réalité, la plupart de ces textes
représentent non des idées d'Abélard empruntées par Héloïse,
mais des citations qui leur sont communes. B. Schmeidler
et Mlle Charrier mettent ici sur le même plan les matériaux
les plus hétérogènes, sans se douter qu'il est impossible de
les comparer en vue d'une conclusion commune. Par exemple,
Héloïse et Abélard ont employé tous deux l'expression *pseu-
doapostolorum* ; c'est exact ; mais on néglige de nous dire
qu'elle vient de saint Paul, *II Corinth.*, XI, 13 et qu'Abélard en a usé uniquement dans son commentaire sur l'*Epître
aux Romains*. Tous deux, cela est vrai, parlent de *margari-
tas ante porcos* ; mais enfin l'expression n'a rien de rare et
tous deux avaient lu saint Matthieu, VI, 6 : on pourrait
au moins noter que l'expression vient de là. L'un et l'autre
écrivent : *sunt viae hominum quae videntur rectae*, etc... ; il
eût été bon de noter que c'est une citation de *Prov.*, v. 4.
Le *Non coronabitur...*, etc., leur vient de *II Timoth.*, II, 5,
Fateor imbecillitatem meam,... etc., est chez tous deux une
citation de saint Jérôme [1], bien qu'on ne nous en dise rien.
D'autres fois, comme Héloïse et Abélard citent leurs sources,
il est impossible de méconnaître que tous deux reproduisent
un texte de saint Grégoire, de saint Jérôme, ou de Macrobe,
et ces concordances présentent un intérêt certain, mais elles

---

1. S. JÉRÔME, *ad Heliodorum*, cité par ABÉLARD, *Epist. XII* ; Pat. lat.,
t. 178, col. 198 D.

prouvent simplement qu'Héloïse et Abélard se sont souvenus des mêmes textes, ou, si l'on veut, qu'Héloïse empruntait des citations à Abélard aussi facilement que son style ; elles ne prouvent nullement qu'Abélard soit l'auteur des lettres d'Héloïse, ni même qu'il les ait révisées en vue de leur diffusion. Si l'on voulait s'y attarder, les concordances d'idées entre Héloïse et Abélard apparaîtraient autrement importantes et significatives que les coïncidences de citations qu'on s'est plu à relever. On pourrait aisément en trouver beaucoup plus, et de plus frappantes, que celles qu'a citées B. Schmeidler dans son essai critique, car il est très vrai qu'Héloïse a profondément subi l'influence des doctrines d'Abélard. Pour s'en étonner, il faudrait oublier qu'elle fut Héloïse ; mais, ici non plus, rien n'autorise à conclure qu'elle ne soit pas l'auteur véritable des lettres qui nous sont parvenues sous son nom.

Quand on va au fond des choses, on se trouve en présence d'un phénomène assez commun dans la recherche historique : une fausse preuve qui suggère une infinité de pseudo-confirmations. B. Schmeidler, égaré par Ludovic Lalanne, s'est d'abord convaincu de l'inauthenticité des lettres sur la foi d'un texte défectueux appuyé de deux contresens. Une fois certain qu'Héloïse n'avait pas pu écrire les lettres, il lui fallait bien chercher qui les avait écrites, et ce ne pouvait être qu'Abélard. S'étant ainsi assuré qu'Abélard les avait écrites, il devait se demander pourquoi Abélard les avait en effet écrites, et, bien entendu, les raisons ne pouvaient manquer : on pouvait soutenir qu'il avait voulu se faire valoir, faire chanter sa gloire par Héloïse, montrer au monde entier comment il l'avait convertie, etc., etc. Je ne dis pas que ces raisons soient mauvaises, mais qu'elles expliquent admirablement un fait dont rien ne permet d'assurer qu'il se soit produit, et qu'on pourrait en trouver d'aussi bonnes pour prouver tout le contraire.

Il suffit d'essayer pour réussir. Héloïse est morte vingt ans après Abélard ; qui prouvera jamais, sinon qu'elle ne soit pas l'auteur des lettres attribuées à Abélard, du moins qu'elle ne les ait pas révisées en vue de leur diffusion ? D'abord, on ne peut douter qu'elle ait recueilli avec un soin religieux tout ce qui lui venait d'Abélard [1] ; ensuite, tandis que l'abbé de Saint-Gildas, en butte aux persécutions de ses moines, puis des théologiens qui le font condamner, mène la vie misérable que l'on sait jusqu'à sa mort dans un monastère clunisien, Héloïse n'a rien d'autre à faire que de mettre au point ce recueil de lettres où sa supériorité s'avère éclatante ; car enfin, si Abélard avait lui-même préparé ce recueil en vue d'assurer sa propre gloire, comment y aurait-il écrit, ou laissé, les passages d'Héloïse si durs, si vrais aussi, qui mettent en lumière l'égoïsme, la cruauté, l'orgueil poussé jusqu'à l'aveuglement le plus stupide dont il a parfois fait preuve dans toute cette affaire ? On dit qu'il a voulu mettre en relief ses qualités de directeur de conscience ; mais le fait est qu'il a piteusement échoué. Jamais, dans aucune de ses lettres, Héloïse n'a fini par admettre qu'elle acceptait comme

1. Il semble certain qu'Héloïse n'avait plus l'*Historia calamitatum* sous les yeux lorsqu'elle écrivit sa première réponse ; car elle écrit : « Erant, *memini*, hujus epistolae fere omnia felle et absynthio plena. » (*Epist. II* ; Pat. lat., t. 178, col. 181 B) ; mais c'était un texte long à copier et nous ne savons combien de temps elle eut l'*Historia* à sa disposition. Ce fait ne justifie donc nullement l'hypothèse, faite par L. Lalanne, d'un artifice de composition dans ce passage. (L. LALANNE, *art. cit.*, p. 30). Par contre, Lalanne fait une hypothèse bien plus vraisemblable que celle de B. Schmeidler et M¹¹ᵉ Ch. Charrier, lorsqu'il suppose que c'est Héloïse, et non Abélard, qui a refondu toute cette correspondance (*art. cité.*, p. 32). Si quelqu'un l'a fait, il y a toutes chances que ce soit elle. Même si elle n'a fait que rassembler les lettres et en former un recueil, il est clair qu'elle n'a pu le faire sans les relire, et il se peut qu'en les relisant elle y ait introduit telle ou telle correction de détail, comme on se corrige soi-même en se relisant ; mais nous n'en savons rien et, jusqu'ici, les arguments dont on use pour le prouver, ou bien sont extrêmement vagues, ou bien reposent sur des confusions certaines. Ce n'est pas dans le texte d'Abélard et d'Héloïse, mais dans celui de leurs critiques, que se trouvent les invraisemblances et les contradictions.

juste le jugement de Dieu, qu'elle aimait Dieu plus qu'Abélard et que c'était pour Dieu, non pour Abélard, qu'elle s'imposait l'expiation de la vie monastique. Héloïse a fini par se taire, mais elle n'a jamais cédé. Voilà ce qui, à ses propres yeux, fait sa grandeur unique. Voilà aussi ce qu'elle veut qu'on sache, et c'est pour nous le faire savoir qu'elle a composé ce recueil de lettres tel que nous le lisons aujourd'hui. Travaillant, comme elle faisait, avec les œuvres d'Abélard sous les yeux, il n'est pas surprenant qu'elle en ait imité le style, ni qu'elle leur ait emprunté des citations, des formules ou même des idées. Héloïse pouvait le faire, elle avait un motif de le faire, elle seule a disposé du temps et des loisirs nécessaires pour le faire, c'est donc bien elle qui l'a fait.

Cette petite argumentation n'est pas plus mauvaise que l'autre, mais je me hâte de dire qu'elle ne prouve absolument rien. La correspondance d'Héloïse et d'Abélard est là, devant nous, comme un fait sur lequel on peut gloser à l'infini et dont l'origine se prête aux hypothèses les plus diverses. On en a fait beaucoup et il s'en fera certainement bien davantage ; mais la plus convaincante et la plus sage de toutes consiste encore à supposer qu'Héloïse soit l'auteur des lettres d'Héloïse, Abélard l'auteur des lettres d'Abélard, et Héloïse l'éditeur probable de l'ensemble du recueil. S'il y a des raisons décisives, ou même seulement pressantes, d'admettre le contraire, elles n'ont pas encore été découvertes ; si elles l'ont été, je ne sais où elles se trouvent, mais ce n'est ni dans l'article de L. Lalanne, ni dans le mémoire de B. Schmeidler, ni dans le livre de Mᗩⁱᵉ Charrier qu'il faut les chercher.

II

DIX VARIATIONS SUR UN THÈME D'HÉLOÏSE[1]

La discussion de l'authenticité des lettres attribuées à Héloïse repose sur le sens d'une phrase de la première lettre écrite après qu'Héloïse eût lû l'*Historia Calamitatum* d'Abélard. Voici cette phrase, telle qu'on peut la lire dans la Patrologie latine de Migne, tome 178, col. 184 B :

> « Unde non mediocri admiratione nostrae tenera conversionis initia tua jamdudum oblivio movit, quod nec reverentia Dei, nec amore nostri, nec sanctorum Patrum exemplis admonitus fluctuantem me et jam diutino moerore confectam, vel sermone praesentem, vel epistola absentem consolari tentaveris. »

Les remarques suivantes ont d'abord pour objet de comparer les traductions françaises que l'on a données de cette phrase, dont l'importance s'est révélée capitale pour le problème de l'authenticité des lettres d'Héloïse, puis de tirer les conclusions qui résultent de cette confrontation. A titre de remarque générale, on notera que toutes les traductions qui suivent, à deux exceptions près, sont basées sur le même texte latin : celui qu'ont publié en 1616 François d'Amboise et André Duchesne (Quercetanus). C'est ce texte,

1. *Archives d'histoire doctrinale et littéraire du Moyen Age*, 14, (1939), 387-399.

reproduit par la Patrologie latine de Migne, que nous venons
de citer. La phrase en question est d'ailleurs identique dans
l'édition de Victor Cousin. Les deux seules exceptions à
cette règle sont fournies par les traductions 1 et 9 ; mais,
même dans ces deux cas, le texte traduit ne diffère de celui
de Duchesne et de Cousin que par la substitution de la leçon
conversatio à la leçon *conversio*. Ceci dit, passons aux traductions.

1° Traduction de JEAN DE MEUN (XIII° siècle). — La
partie de cette traduction qui contient notre phrase est encore inédite ; elle se trouve dans un manuscrit de la Bibliothèque Nationale, Fonds français, 920, aux pages 63-64 [1].
En voici la transcription, telle que j'ai cru devoir la lire, en
commençant une phrase plus haut et en la ponctuant.

> « Certes quant traitiez et combien grans li saint pere
> lont fait en la doctrine et en la monestement et ou
> confort des saintes femmes et pour combien grant dili-
> gence il les ot ordenees, Ta noblesce la mielx cogneu
> que ma petitesce na *(sic)* pour quoy vous entremetez des
> commencemens de nostre conuersacion, nous nous emer-
> ueillons trop forment dont nous as ainsi si longuement
> oubliees que tu, ne pour la reverence de dieu, ne pour
> lamor de nous, ne par les exemples des sains peres ne |
> [64]amonnestez a ce que tu aiez essaie a conforter ou pre-
> sentement par ta parolle, ou de loing par ta lettre moi
> flotans emperieus et ja degastee par leurs pleurs ».

La traduction de la phrase qui nous intéresse semble commencer aux mots : « pour quoy ». Le texte du seul manuscrit que je connaisse ne semble pas très bon en cet endroit.

1. Sur ce manuscrit, voir Charlotte CHARRIER, *Jean de Meun. Traduction
de la première Epître de Pierre Abélard (Historia Calamitatum)*, Paris, H.
Champion, 1934 ; Introduction, pp. 2-8.

Sans doute faut-il lire : « que ma petitesce n'a ; pour quoy... » *etc.* [1]. On voit cependant assez bien comment Jean de Meun a compris son texte. D'abord, il a lu *conuersacio* dans son manuscrit et l'a rendu correctement par *conuersacion* (vie monastique), sans commettre la faute d'y substituer *conversion*. Ensuite, sans doute faute de voir comment construire la phrase latine, il l'a soumise à un remaniement complet : « pour quoy vous entremetez des commencemens de notre conuersacion », c'est-à-dire : puisque vous vous occupez des commencements de notre vie monastique, traduit les mots : « nostrae tenera conversationis initia » ; la clause « pour quoy vous entremetez » est donc une addition de Jean de Meun : ce n'est plus une traduction, mais une glose [2]. Ce qui suit : « nous nous emerueillons trop forment », traduit les mots : « unde non mediocri admiratione » ; Jean de Meun vient donc d'ajouter un deuxième verbe, et une deuxième glose. Le membre de phrase suivant : « dont nous as ainsi si longuement oubliees », traduit les mots : « tua jamdudum oblivio movit » ; Jean de Meun sous-entend donc « nos », qui n'est pas dans le texte, et il suppose que « tua oblivio, nos movit » signifie : ton oubli nous a expulsées, ou chassées de ta mémoire. Bref, la traduction de Jean de Meun n'offre un sens que par les mots que lui-même ajoute à son texte ; de plus, elle se caractérise par le triple fait, *a)* que « non mediocri admiratione » y est traité comme une proposition ablative complète en elle-même ; *b)* que « movit » y gouverne un « nos »

---

1. Peut être faut-il lire aussi, pour « pere lont » : « peres ont » ; pour « ot ordeneees » : « ont ordenees » ; pour « la monestement » : « l'amonestement » ; pour « emperieus » : « em perieus ».

2. Les mots « pour quoy » peuvent aussi avoir le sens de : « supposé que ». Si on s'y arrêtait, Jean de Meun voudrait dire : « En admettant que vous vous intéressiez aux commencements de notre vie monastique,... *etc.* ; mais la forme « entremetez » s'expliquerait alors moins bien, et, de toute façon, ce verbe resterait une addition au texte latin.

sous-entendu : on va pouvoir admirer l'unanimité parfaite avec laquelle les traducteurs français d'Héloïse se sont mis d'accord sur l'essentiel de cette interprétation ; *c)* qu'il a, soit correctement compris que *praesentem* et *absentem* se rapportent à Héloïse, soit eu le bonheur d'être assez vague pour qu'on ne puisse pas dire qu'il ne l'a pas compris.

2. Traduction de DOM GERVAISE. Elle se trouve dans *Les véritables Lettres d'Héloïse et d'Abeillard...*, Paris, J. Musier, 1723, 2 vols. in-12 [Bib. Nat., Z 13803-13804], au tome I, p. 21. Le texte latin, imprimé en face, est celui de Duchesne.

> « C'est ce qui fait que je m'étonne que ni l'exemple de ces grands Saints, ni le désir de plaire à Dieu, ni l'amour que vous me devez, n'ayent pû jusques à présent vous engager à me procurer la moindre consolation ou par votre présence ou par vos lettres, quoique vous ne puissiez ignorer le besoin extrême que j'en ai eu, je ne dis pas seulement dans les premières années de ma conversion, où j'étais encore flottante entre le Ciel et la Terre, entre Dieu et le monde, mais même depuis qu'étant toute à Dieu, j'ai été accablée de douleurs et de chagrins, sans que vous ayez paru y prendre aucune part ».

Dom Gervaise a donc commencé par isoler à son tour : « Unde non mediocri admiratione », pour en faire les propositions : « C'est ce qui fait que je m'étonne ». Ensuite de quoi, sautant par-dessus les mots « nostrae... movit », il a rattaché la suite : « quod nec reverentia... tentaveris » au mot « admiratione », dont on verra d'ailleurs qu'elle dépend réellement. Le problème était alors pour lui de rattraper le membre de phrase qu'il avait omis. Pour le faire, il a construit une traduction entremêlée de gloses, où les mots : « nostrae tenera conversionis initia tua jamdudum oblivio

movit » gouvernent, on ne sait comment, la fin de la phrase :
« fluctuantem me et jam... » *etc.* Toute cette fin de la traduction est une paraphrase fantaisiste à laquelle aucune
construction imaginable du texte latin ne correspond. Il ne
peut y avoir sens ni contre-sens où il n'y a même pas traduction.

3° Traduction de J.-Fr. BASTIEN. — Ce traducteur était
un libraire parisien, qui publia lui-même son œuvre et en
conçut quelque fierté. Il demande, dans sa Préface, la
création d'un corps de Libraires maîtres ès-arts, distinct de
la masse des vulgaires marchands de livres qui n'ont ni
sciences ni lettres. Sa traduction porte le titre : *Lettres d'Abeillard et d'Héloïse...* nouvelle traduction par J.-Fr. Bastien,
Paris, chez l'éditeur, 1782, 2 vols. in-8° [Bib. Nat., Z 13816-
13817]. — J.-Fr. Bastien publie le texte latin en face du
texte français ; la phrase en question n'y diffère en rien de
celle de Duchesne, et voici la traduction qu'il en donne,
t. I, p. 45 :

> « Quel est mon étonnement de voir que déjà vous avez
> oublié les commencemens d'une conversion incertaine, et
> que ni le respect pour Dieu, ni votre amour pour moi,
> ni l'exemple des Saints-Pères ne vous ont pas encore
> engagé à fixer mon incertitude et à adoucir les cha-
> grins qui m'accablent, soit par vos exhortations, soit
> par vos Lettres ! ».

Le texte est serré de beaucoup plus près. Pourtant, dès
le début, « unde non mediocri admiratione » est isolé de manière à donner la proposition complète : « Quel est mon
étonnement » ; ensuite de quoi, « admiratione » y est entendu
comme gouvernant « tua... oblivio movit », qui gouverne à
son tour « nostrae tenera conversionis initia ». Comme Jean
de Meun, il considère donc « tua oblivio movit » comme si-

gnifiant : tu as oublié. Que l'on tente de construire la phrase latine selon cette traduction, on obtiendra : « Unde non mediocri admiratione [je vois que] tua jamdudum oblivio movit nostrae tenera conversionis initia [et] quod nec reverentia... » *etc.* Il faut donc faire une soudure pour que la phrase ait un sens, signe probable d'une erreur de traduction ; de plus, *praesentem* et *absentem* ne sont pas traduits.

4° Traduction de E. ODDOUL. — On trouve cette traduction dans le livre de Mr et Mme GUIZOT, *Abailard et Héloïse Essai historique, suivi des Lettres d'Abailard et d'Héloïse*, traduites sur les manuscrits de la Bibliothèque Royale par M. Oddoul. Paris, Houdaille, 1839, 2 vols. Je citerai cette traduction d'après l'édition du même ouvrage, en un seul volume, parue chez Didier, Paris, en 1853. Le texte de la phrase en question se trouve pp. 107-108 :

> « Et ce n'est pas sans un étonnement pénible que j'ai remarqué votre long oubli pour les commencements si tendres de notre conversion. O mon maître, rien n'a pu vous émouvoir en notre faveur, ni la charité chrétienne, ni votre amour pour nous, ni les exemples des saints Pères. Vous m'avez abandonnée dans ma foi chancelante et dans le triste accablement de mon cœur. Votre voix n'a point réjoui mon oreille, vos lettres n'ont point consolé ma solitude ».

Passant sous silence la traduction de « non mediocri » par « pénible », remarquons une fois de plus, que « non mediocri admiratione » s'y traduit par une proposition distincte, et que « tua... oblivio movit » gouverne alors « nostrae tenera conversionis initia ». Pour construire la phrase latine en accord avec cette traduction, il faut lire : « Unde non mediocri admiratione, [j'ai remarqué que] tua jamdudum oblivio movit tenera initia nostrae conversionis... » *etc. Praesentem* et *absentem* ne sont que vaguement traduits.

5° Traduction du Bibliophile Jacob. — Cette traduction a pour titre : *Lettres d'Héloïse et d'Abélard*, traduction nouvelle par le Bibliophile Jacob, précédée d'un travail historique et littéraire par M. Villenave, Paris, C. Gosselin, 1840. — Je citerai cette traduction d'après la réédition du même ouvrage, Paris, Charpentier, 1865. Le texte de la phrase en question s'y trouve p. 128.

> « Quel a donc été mon étonnement de voir que déjà vous avez mis en oubli les fragiles commencemens de notre conversion ! Comment la charité chrétienne, votre amour pour moi et l'exemple des Saints-Pères ne vous ont-ils pas inspiré, lorsque mon âme flotte en proie à un chagrin dévorant ? Pourquoi n'avez-vous pas tenté de me consoler : absente, par vos lettres, présente, par vos paroles ? ».

Jusqu'à Bastien, nos traducteurs étaient indépendants les uns des autres. Jean de Meun dormait dans son manuscrit et Dom Gervaise était si fantaisiste qu'on ne pouvait guère l'utiliser. Je ne crois même pas qu'Oddoul ait été influencé par Bastien. De toute façon, il ne l'était pas dans ce passage. Par contre, le Bibliophile Jacob a certainement été influencé par Oddoul, pour l'œuvre de qui, dans son *Avertissement du Traducteur* (pp. vii-viii), il professe une sincère admiration. Il suffit de comparer les deux textes pour contester que le deuxième garde l'empreinte du premier. La construction du membre de phrase qui nous intéresse reste la même : « Unde non mediocri admiratione [de voir que] tua oblivio jam movit tenera initia nostrae conversionis... » etc. Bref, la traduction ajoute des mots à ceux que la phrase latine met à la disposition du traducteur. Par contre, le Bibliophile Jacob est le premier à avoir explicitement et correctement traduit *praesentem* et *absentem*.

6° Traduction d'O. Gréard. — Publiée une première fois, avec le texte latin, en 1869, cette traduction a été aussi publiée seule, en plusieurs éditions successives, jusqu'en 1925. Celle que je vais citer porte le titre : *Lettres complètes d'Abélard et d'Héloïse*, traduction nouvelle précédée d'une Préface par M. Gréard, Paris, Garnier, sans date. Le texte en question s'y trouve pp. 55-56.

> « Quel n'est donc pas mon étonnement de voir que depuis longtemps déjà tu as mis en oubli l'œuvre commencée à peine et encore mal assurée de notre conversion ; sentiment de respect pour Dieu, d'amour pour nous, exemples des saints Pères, rien, quand mon âme chancelle dans sa foi, quand le poids d'une douleur invétérée l'accable, rien ne t'a inspiré la pensée de venir me fortifier par tes entretiens, ou du moins de me consoler de loin par une lettre ! ».

Cette traduction est d'une excellente tenue littéraire, ici comme ailleurs, mais elle reste fidèle à la tradition, en faisant de « non mediocri admiratione » une proposition distincte et en faisant dépendre « nostrae tenera conversionis initia » de « tua jamdudum oblivio movit ». De plus, *praesentem* et *absentem* sont mal traduits, car Gréard les rapporte à Abélard au lieu de les rapporter à Héloïse.

7° Traduction de Mlle Charlotte Charrier. — On trouvera notre phrase traduite dans le livre de Mlle Charrier : *Héloïse dans l'histoire et dans la légende*, Paris, H. Champion, 1933, p. 14. Il serait superflu de reproduire ce texte, qui ne fait que citer, en la modifiant légèrement, la traduction d'O. Gréard. Au lieu de « tu as mis en oubli », on y lit « vous avez mis en oubli » ; au lieu de « rien ne t'a inspiré », on y lit « ne vous a inspiré ». Il n'y a donc rien de changé quant au sens général de l'interprétation.

8º Traduction d'Etienne GILSON. — La même phrase est traduite, dans la première édition du présent ouvrage, aux pages 22-23. Voici cette traduction :

« Il n'est donc pas peu surprenant que tu aies depuis longtemps oublié les commencements encore fragiles de notre vie monastique, et que ni par respect pour Dieu, ni par amour pour nous, ni pour suivre l'exemple des saint Pères, tu n'aies essayé, quand je chancelle, épuisée par une douleur invétérée, soit de venir me consoler par ta parole, soit de m'écrire de loin ».

Le principal mérite de cette traduction est d'avoir, pour les raisons qu'expose son auteur (voir plus haut, pp. 174-175) restitué la leçon *conuersacio* à la place usurpée par *conuersio*. Mais, pour ce seul mérite, que de défauts ! D'abord, l'auteur est visiblement gêné par la traduction de Gréard, dont l'élégance lui fait envie, mais que, sauf le petit larcin de « douleur invétérée », il voudrait cependant ne pas copier. Ensuite, bien qu'elle élimine certaines gloses de Gréard (« l'œuvre commencée à peine et encore mal assurée » = *tenera initia* ; plus loin, « dans sa foi » vient de Oddoul) pour serrer de plus près l'original, cette traduction ne peut, pas plus que les précédentes, se justifier par une construction correcte du texte qu'elle interprète. La phrase : « il n'est donc pas peu surprenant que tu aies depuis longtemps déjà oublié les commencements... » *etc.*, ne peut aucunement s'expliquer à partir de : « Unde non mediocri admiratione... » *etc.* Sans doute, une construction approximative n'est pas complètement impossible, et c'est elle qui a pu sembler justifier cette traduction ; on peut, à la rigueur, construire ainsi : « Unde non mediocri admiratione, tua oblivio jamdudum movit tenera initia nostrae conversationis... ». Pourtant, les deux difficultés six fois séculaires subsistent intégralement. D'abord, il faut traduire « unde non mediocri admiratione » comme s'il y avait en outre « nostra », qui n'y est pas : ensuite, il faut traduire : « tua oblivio jamdudum movit tenera initia », comme si « ton oubli a, depuis longtemps déjà, éloigné les tendres commencements... », était un équivalent exact de : « tu aies depuis longtemps oublié les commencements... ». On dira : c'est du latin médiéval. Le latin médiéval a bon dos, mais il ne faut pas en abuser. Enfin, la fausse construction de *praesentem* et *absentem* y est docilement conservée.

9° Ce qui semble avoir égaré tous ces traducteurs, y compris le dernier, c'est d'abord la place occupée par le premier membre de phrase : « Unde non mediocri admiratione... ». Ainsi mise en vedette, elle paraît se détacher spontanément du reste, à tel point que je me souviens d'être allé à la Bibliothèque Nationale tout exprès pour y chercher, dans les manuscrits, un « nostra » qui ne s'y trouve pourtant pas. La deuxième cause de cette vénérable méprise est qu'aucun de ces traducteurs ne semble avoir pensé que *movit* pouvait gouverner l'ablatif. Or, parmi les sens de ce verbe, il y a celui d' « émouvoir l'âme, toucher, affecter » : *misericordia moveri*, être touché de compassion. Il suffit pourtant d'y penser pour que la phrase se construise sans résidu ni additions : Unde tua oblivio jamdudum movit tenera initia nostrae conversacionis non mediocri admiratione quod... Non seulement la construction *movere admiratione* est correcte, mais la construction *admiratione quod* est classique. La traduction littérale de ce membre de phrase est donc la suivante : c'est pourquoi, depuis longtemps déjà, ton oubli a frappé les fragiles commencements de notre vie monastique d'une assez vive surprise, parce que, ni le respect de Dieu... » *etc.*

Ces remarques sur la première partie de la phrase litigieuse ont une portée plus que grammaticale. D'abord, elles mettent définitivement en évidence l'impossibilité de la

leçon *conversio*, dont la présence dans le texte reçu est l'ori-
rine de tant de difficultés. Si l'on construit correctement la
phrase tout en conservant la leçon *conversio*, ou obtient
quelque chose comme ceci : ton oubli a, depuis longtemps
déjà, frappé d'une assez vive surprise les commencements
encore frêles de notre conversion. Précédemment, on parlait d'avoir « oublié » une conversion », ce qui avait un sens ;
désormais, il faudrait parler de « frapper d'étonnement une
conversion », ce qui n'en a pas. La leçon *conversatio* n'est
donc pas simplement autorisée par les manuscrits et recom-
mandée par le sens général du développement, comme je
l'ai déjà fait voir plus haut, (p. 176) elle est encore exigée
par la structure grammaticale de la phrase où ce mot
figure.

10° Ce n'est pas tout. Par un deuxième contresens conju-
gué au premier, tous les traducteurs de cette phrase, sauf,
peut-être, Jean de Meun et Oddoul, et, certainement, la
brillante exception du Bibliophile Jacob, ont soit supprimé
praesentem et *absentem*,soit rapporté ces deux mots à Abélard au lieu de les rapporter, comme faire se doit, à Héloïse.
Il ne faut donc pas traduire, comme j'ai fait avec Gréard :
« soit de venir me consoler par ta parole, soit de m'écrire
de loin », mais bien, comme fait le Bibliophile Jacob : « Pourquoi n'avez-vous pas tenté de me consoler : *absente*, par
vos lettres, *présente*, par vos paroles ? ». A une inversion
près cette dernière traduction est correcte.

Que, Gréard et moi-même, nous ayons fait inviter Abélard
par Héloïse à se mettre en route pour venir la consoler au
Paraclet, c'est, psychologiquement parlant, assez compré-
hensible. Nous savons qu'Héloïse écrit à Abélard, donc il
n'est pas là. S'il n'est pas là, qu'écririons-nous, étant à la
place d'Héloïse ? Probablement ceci : si tu peux venir me
consoler par ta parole, viens, si tu ne peux pas venir me

voir, écris. Nous le lui faisons donc écrire, mais ce n'est pas ce qu'elle a écrit en cet endroit. Pour que notre traduction fût justifiée, le texte latin devrait dire : « vel *praesens* sermone, vel *absens* epistola me consolari tentaveris ». Or il dit autre chose : « me... vel sermone *praesentem*, vel epistola *absentem* consolari tentaveris ». Il s'agit donc de ceci, qu'Abélard n'a pas essayé de consoler Héloïse, ni oralement tandis qu'elle était présente, ni par lettre tandis qu'elle est absente. Or, puisqu'il s'agit bien d'Héloïse, il ne peut être question d'un voyage qu'Abélard n'a pas fait. C'est alors qu'il était encore avec elle qu'Abélard a négligé de lui offrir la consolation spirituelle que Paula et Eustochium avaient reçue d'un saint Jérôme. S'il en est ainsi, on n'a plus à se demander comment Héloïse peut reprocher à Abélard d'avoir oublié *depuis longtemps déjà* une fondation religieuse encore frêle [1]. C'est dès le temps où il établissait cette fondation, alors qu'Héloïse lui était présente au Paraclet, qu'Abélard a oublié, non pas Héloïse, mais d'essayer de la consoler spirituellement comme tout lui en faisait un devoir.

---

1. L'erreur commise sur *sermone praesentem* et *epistola absentem* s'explique facilement par le parallélisme verbal de ce premier texte avec le deuxième : *colloquio praesentis* et *absentis epistola* (voir plus haut, p. 172. Les deux phrases n'en sont pas moins différemment construites et elles n'ont pas le même sens. Dans la deuxième, Héloïse se plaint, au présent, de n'avoir ni la présence d'Abélard, ni lettre de lui en son absence, pour la consoler. Dans la première, Héloïse reproche à Abélard, au passé *(tentaveris)*, de ne l'avoir ni, présente, consolée par sa parole, ni, absente, consolée par une lettre. Il ne s'agit pas ici de subtilités d'interprétation ajoutées au texte, mais du sens exact qu'il signifie. Il est d'ailleurs naturel que ceux qui jugent apocryphe la correspondance d'Héloïse et d'Abélard répugnent d'abord à des rectifications dont chacune ébranle leur thèse et même en sape les fondements. En attendant que le temps fasse son œuvre pacificatrice, il serait bon de ne pas ajouter de nouvelles erreurs aux anciennes. Ainsi, « on est un peu étonné » de me voir « prendre au pied de la lettre les pluriels de la lettre IV », alors que « dans ce passage, Héloïse parle au pluriel d'elle seule ». *(Humanisme et Renaissance*, 1939, t. VI, p. 92, note 1). Contentons-nous de reproduire la phrase d'Héloïse, en faisant observer qu'elle répond explicitement à une phrase d'Abélard demandant, s'il venait à mourir, les prières

Revenons donc à la construction de la phrase latine aux fins de traduction : *Unde jamdudum tua oblivio movit tenera initia nostrae conversationis admiratione non mediocri, quod, nec reverentia Dei, nec amore nostri, nec exemplis sanctorum patrum admonitus, tentaveris consolari me, fluctuantem et jam confectam moerore diutino, vel praesentem, sermone, vel, absentem, epistola.* Nous obtiendrons alors une dixième traduction, dont le passé ne permet guère d'espérer qu'elle devienne la dernière. Dans cette traduction, *oblivio* est rendu par *oubli*, mais Héloïse pense certainement à un manque de mémoire qui tient de la négligence. *Reverentia Dei* peut se traduire par *crainte de Dieu*, qui est un peu fort, ou par *respect de Dieu*, qui est un peu faible ; comme la première solution ferait de *reverentia* un équivalent de *timor*, j'ai choisi la seconde. *Admonitus* garde le sens fondamental d'*admonere* : faire souvenir de, rappeler à la mémoire, mais on peut, si l'on préfère, traduire par : ne t'en ayant averti ; j'ai préféré le premier sens comme répondant mieux à l'idée suggérée par *oblivio* : tu oubliais, et l'on dirait que rien ne t'ait rappelé... *Conversatio* est rendu par « vie monastique », mais

de celles qu'il nomme : « filiae nostrae [al. vestrae], imo in Christo sorores » (Pat. lat., t. 178, col. 192 B). Ce sont bien les prières *des moniales du Paraclet*, non celles d'Héloïse seule, qu'il demande. A quoi Héloïse répond : « Nunquam *ancillulas suas* adeo Deus obliviscatur, ut *eas* tibi superstites reservet... Te nostras exsequias celebrare, te *nostras* Deo *animas* convenit commendare, et *quas Deo aggregasti* ad ipsum praemittere... » (col. 193 B). Le développement continue ainsi jusqu'au passage visé où, après avoir écrit : « Rogas, unice... ». Héloïse continue : « Flere tunc *miseris* tantum vacabit, non orare licebit et te magis subsequi quam sepelire maturandum erit, ut potius et nos *consepeliendae simus*, quam sepelire possimus » (193 D). Ce sont donc bien les religieuses du Paraclet que l'on devra ensevelir en même temps qu'Abélard. Non seulement *ancillulas*, *eas*, *nostras animas*, et *miseris*, ne peuvent se rapporter à Héloïse seule, mais elle-même se distingue expressément de celles dont elle parle au pluriel, en disant : « Parce itaque, obsecro, *nobis* ; parce itaque *unicae* saltem *tuae*... » (193 D), et, parlant d'elle-même, elle reprendra au singulier : « Quid autem te amisso sperandum mihi superest ? » (194 A).

on pourrait préférer « communauté ». Enfin, j'ai fait porter l'adverbe *jamdudum* sur le verbe *movit* ; si l'on m'assurait qu'il porte, non sur un verbe, mais sur le substantif *oblivio*, je n'en serais pas trop surpris. Peu importe d'ailleurs, le sens de la phrase restant le même dans les deux cas. Voici donc ce nouvel essai :

> « C'est pourquoi, depuis longtemps déjà, ton oubli a causé aux frêles débuts de notre vie monastique l'assez vive surprise que, ni le respect de Dieu, ni ton amour pour nous, ni les exemples des saints Pères ne te le rappelant, alors que je chancelle et qu'une douleur invétérée m'accable, tu n'aies pas tenté de me consoler, présente, par ta parole, absente, par une lettre ».

Ainsi, ce qu'Héloïse reproche à Abélard dans ce passage, ce n'est pas qu'il n'ait rien fait pour la revoir depuis leur entrée en religion : au contraire, elle lui parle du temps où elle lui était présente ; ce n'est pas non plus qu'il ne revienne pas la voir au Paraclet ; ce n'est même pas qu'il ne lui écrive pas de lettres ; c'est, exactement, d'avoir manqué à sa mission de fondateur de monastère en négligeant sa fonction de directeur de conscience, *même tandis qu'elle était là*, et de n'avoir jamais réparé sa négligence. Bref, alors que tout le lui rappelle, Abélard ne se souvient pas de son devoir premier : être le Jérôme dont Héloïse est l'Asella.

Corriger ainsi la traduction de ce texte c'est en extraire du même coup un renseignement utile sur l'attitude d'Abélard à l'égard d'Héloïse lorsqu'ils se trouvèrent ensemble au Paraclet. Soit que les problèmes matériels aient alors chassé toute autre préoccupation, soit qu'il ait éprouvé quelque gêne à s'imposer comme directeur de conscience à une femme dont il avait imposé déjà l'entrée au couvent, soit simplement en raison de l'admiration totale qu'il éprouve alors pour Héloïse et qu'il a si généreusement exprimée dans l'*Historia calamitatum*, soit enfin parce que leurs entretiens de direction spirituelle n'auraient pu être ni publics ni privés Abélard a commencé par laisser Héloïse à elle-même comme si, dans son office, elle pouvait se passer complètement de lui.

On comprend alors comment l'*Historia calamitatum* a provoqué la première lettre d'Héloïse. Elle ne se plaint pas que ce long récit n'ait pas été écrit pour elle ; elle-même aurait pu l'écrire et savait à peu près tout ce qu'il y avait dedans. Ce qui lui donne l'audace de protester, c'est que, ce Jérôme qu'il ne veut pas être pour elle, il le soit pour un autre, et qu'il le soit avec une inconscience telle qu'il ait cité, en concluant cette épître à son ami, une lettre de Jérôme même à Asella : *De fictis amicis* (*op. cit.*, col. 180-181). Abélard a fait cela, et même cette *admonitio* de saint Jérôme ne l'a pas rappelé à son devoir envers Héloïse ! C'est alors qu'elle intervient, car elle aime toujours Abélard et brûle de savoir ce qui lui arrive ; elle aussi peut le consoler en compatissant à ses maux (col. 182 C). Mais surtout, qu'il écrive, même sur n'importe quoi : « De quibuscumque autem nobis scribas, non parvum nobis remedium conferes » *(ibid.)*. Veut-il un sujet ? Il vient d'écrire à un ami et de lui raconter ses propres malheurs afin d'aider cet ami à en supporter de moindres : qu'il écrive donc à Héloïse pour la soulager de la douleur des nouvelles blessures que la lecture de cette lettre lui a infligées. Sa dette envers Héloïse et les religieuses du Paraclet est plus pressante que celles qu'il doit à n'importe quel ami (col. 183 B C) ; cette dette, Héloïse la lui rappelle avec la précision la plus impitoyable, puisqu'elle va jusqu'à proclamer qu'elle eût mieux aimé être la fille de joie d'Abélard que l'impératrice d'Auguste (col. 185 A.). Après tout, c'est sur son ordre, et pour nulle autre raison, qu'elle est entrée en religion ; elle a donc bien droit à la *consolatio* qu'elle demande. S'il ne peut venir, qu'il écrive : « consolationem videlicet mihi aliquam rescribendo » (col. 188 A). La première lettre d'Héloïse est donc organiquement liée à l'*Historia calamitatum* qui la précède : chaque correction d'une des fautes que nous commettons sur le sens de ces textes, confirme notre confiance en leur historicité.

III

SUR QUELQUES TRAVAUX RÉCENTS

Des travaux importants ont été publiés depuis les deux éditions précédentes du présent ouvrage.

Signalons d'abord l'édition critique de la célèbre correspondance, ou, plus exactement, du dossier qui nous est parvenu et qu'il est habituel de désigner par ce titre. L'édition s'est faite en plusieurs temps, ce qui offre l'avantage de mettre en évidence la nature complexe de la composition du dossier.

1. *L'Histoire de mes malheurs.* — Publiée par J.T. MUCKLE, *Letter of Consolation to a Friend (Historia calamitatum)*, dans *Mediaeval Studies*, 12 (1950), 163-213. Les *Mediaeval Studies* sont un recueil annuel publié par le *Pontifical Institute of Mediaeval Studies*, à Toronto, Ont. Canada.

2. *The Personal Letters Between Abélard and Héloïse* ; même publication, 15 (1953), 47-94. Ce sont les lettres II à V, celles qui constituent la correspondance proprement dite.

3. *The Letter of Héloïse on Religious Life and Abélard's First Reply*, même publication, 17 (1955), 240-281. Ce sont les lettres VI et VII.

4. *Abélard's Rule For Religious Women*, publiée par T.-P. McLaughlin, C.S.B., même publication, 18 (1956), 241-292 ; figure dans la correspondance comme lettre VIII.

Cette édition critique est devenue le point de départ des études consacrées à cette histoire célèbre. Le R. P. J.T. Muckle, C.S.B. a publié en outre une traduction anglaise de l'*Historia*, sous le titre : *The Story of Abélard's Adversities*, a translation with notes of the *Historia calamitatum*, with a preface by Etienne Gilson, Toronto, 1954. Selon une information de M. J. Monfrin, l'Académie des Sciences de l'U.R.S.S. a récemment publié un volume illustré, œuvre de M. Drboglav, Mme Sidorova, MM. B.A. Sokolov et B.C. Sokolov, contenant une Introduction et une traduction russe de l'*Historia calamitatum*, avec d'autres textes concernant Abélard.

Le problème des sources du texte a été repris, dans une étude très approfondie, en Introduction au livre de J. Monfrin, *Abélard. Historia calamitatum*, texte critique avec une introduction, Paris, Librairie philosophique J. Vrin, 2e édition, 1962.

Il résulte de l'introduction, où tous les manuscrits connus du texte sont examinés, jugés et classés : *a)* que le *corpus* constitué par l'*Historia* et la correspondance d'Héloïse et d'Abélard existait déjà au milieu du xiiie siècle ; qu'il « était déjà constitué *ne varietur* et que les copies différaient peu entre elles » ; *b)* l'étude des manuscrits « n'apporte malheureusement que peu de lumière sur l'origine du *corpus* » ; *c)* la présence du *corpus* au Paraclet « à une date ancienne donnerait à penser qu'il ait été mis en ordre dans cette abbaye ; par conséquent par Héloïse ou d'accord avec elle ; ce qui serait de conséquence. Malheureusement toute certitude manque. Peut-être sera-t-il possible de préciser un jour ». *Op. cit.*, p. 60. Les textes publiés comprennent, outre l'histoire des tribulations d'Abélard *(Abaelardi ad amicum suum consolatoria)* : 1. la lettre qu'Héloïse écrivit après avoir lu la précédente, pp. 111-117 ; 2. la réplique d'Héloïse à la réponse d'Abélard, pp. 117-124 ; 3. la prière composée par Abélard et envoyée à Héloïse pour être dite quotidiennement au Paraclet, pp. 124-125.

La meilleure traduction française reste celle d'O. Gréard, qui m'a toujours découragé par l'excellence de son style.

En étudiant les manuscrits avec un soin extrême, M. J. Monfrin a complètement éliminé une incertitude. A propos de l'édition de Richard Rawlinson (1718), dont j'ai dit plus haut, p. 8, qu'elle se donnait pour une revision du texte de d'Amboise d'après un manuscrit prêté par un ami de Gloucester, M. Monfrin établit sans conteste : 1, que le dit manuscrit a réellement existé ; il est même aujourd'hui au *British Museum*, sous la cote : F. XIV ; 2, que ce manuscrit, qui annonce des chapitres et des lettres d'Abélard, contient bien des *capitula* d'Abélard, mais que les *Epistolae ejus* sont en réalité des lettres de Bernard de Clairvaux. Conclusion : les variantes, pittoresques mais peu vraisemblables, introduites par Rawlinson sont de son invention. Il n'existe aucune autorité manuscrite en leur faveur. La rigueur méthodique de Mr J. Monfrin a débarrassé le terrain d'un obstacle imaginaire et pourtant encombrant.

On ne semble plus guère douter aujourd'hui de l'historicité foncière de la collection de documents joints à l'*Historia calamitatum*. En revoyant tous ces textes à l'occasion de la présente édition, je me sentais incapable de former une opinion plus précise que celle à laquelle s'arrête Mr J. Monfrin touchant l'origine de la composition du recueil. Je ne voudrais pas non plus revenir sur une hypothèse à mes yeux si probable qu'elle ne pourrait être ébranlée que par la découverte d'un document nouveau témoignant en sens contraire. Je suis plus tenté que jamais de croire que la composition du recueil est l'œuvre d'Héloïse.

Une vraisemblance est spécifiquement différente d'une certitude ; je désire donc que mon opinion sur ce point reste une simple opinion, mais elle est indéracinable de mon esprit. En relisant les deux lettres d'Héloïse dans le texte de Mr Monfrin, j'ai retrouvé l'impression de surprise presque incrédule que j'avais éprouvée, il y a bien des années, lors de leur première lecture. Peut-être faut-il avoir vécu dans l'intimité des œuvres du XIIᵉ siècle issues de milieux théologiques et religieux pour apprécier ce que la franchise d'Héloïse avait d'extraordinaire. Cette femme l'était assurément, mais beaucoup de femmes extraordinaires se contentent de l'être sans détailler publiquement les sentiments qui, en leur milieu et en leur temps, ont fait d'elles des êtres d'exceptions.

Son fond le plus intime est l'amour passionné, total, exclusif qu'elle a voué à Abélard. Elle aime Abélard d'une manière telle que Dieu lui-même refuserait d'être aimé de la sorte. On trouve chez elle la trace indubitable de ce sentiment, assez vif chez certaines femmes et exploité par maint romancier moderne, qu'est le goût du déshonneur voulu comme témoignage suprême de l'amour de l'amante pour l'aimé. L'amante ne se résigne pas à son avilissement, elle y aspire, elle s'y complaît. Plus que d'être épouse, il lui est doux — *dulcius* — de passer pour la bonne amie *(amica)* de l'homme qu'elle aime, pour sa concubine, pour une fille de joie, pour une prostituée *(concubina, scortum, meretrix)*. Roscelin a dû lui faire plaisir en l'insultant car c'est à quoi elle aspirait : s'humilier davantage pour Abélard dans l'espoir de trouver grâce davantage auprès de lui : *quo me videlicet pro te amplius humiliarem...*

Ce don passionné de soi ne permet guère de supposer qu'un tiers ait pu concevoir avant elle le projet de réunir les pièces principales d'une affaire où l'abbesse du Paraclet s'était engagée tout entière. Nul ne pouvait la devancer quand la gloire d'Abélard et la sienne étaient en cause et on la voit mal tolérant l'intrusion de qui que ce soit d'autre dans l'exécution du projet. Pour Héloïse, il y allait du tout de sa vie. Qu'on ne lui parle pas d'être la femme de l'empereur Auguste : *karius mihi et dignius videretur tua dici meretrix quam illius imperatrix* ! Peut-on imaginer un autre, ou une autre, plus vitalement intéressés à tel projet ? Aucun autre nom n'a d'ailleurs été suggéré, aucune trace de quelque main différente n'a été signalée, l'imagination même semble avoir renoncé à faire ici de ces hypothèses dont elle est prodigue. Mais il reste que le vrai diffère parfois du vraisemblable dont se contente souvent l'histoire. La persuasion la plus invincible doit donc se tenir toujours prête à s'effacer, le cas échéant, devant la vérité.

Le marxisme a ceci de commun avec la théologie qu'il est capable de tout expliquer. On conçoit que le fait Abélard ait retenu l'attention de N.A. Sidorova, auteur d'*Essais sur l'histoire de la première civilisation urbaine en France*, Moscou, 1953. On lui doit aussi un article sur « Abélard et son époque », *Cahiers d'histoire mondiale*, 4 (1958), 541-552. Cet essai fut l'objet d'une critique du R. P. Gervais Dumeige, « A propos d'Abélard et de son époque », *Cahiers d'histoire mondiale*, 6 (1960), 175-178, suivie d'une réplique de N.A. Sidorova, « Réponse aux observations de M. Gervais Dumeige sur l'article ʻ Abélard et son époque ʼ », *ibid.*, pp. 179-182.

Les études de ce genre sont intéressantes pour les sociologues, car ils sont accoutumés à manier les faits historiques en les groupant sous des étiquettes collectives. N.A. Sidorova place au centre du problème la lutte menée par le moine Bernard de Clairvaux, chef du « parti théocratique » (l'auteur y compte une bonne douzaine d'évêques), contre Abélard, représentant la culture bourgeoise qui naissait alors en même

temps que la civilisation urbaine [1]. Tenir pour un jeune bour-
geois fondateur d'écoles laïques cet Abélard né de père noble
dans une petite place forte et qui dirigea les écoles de Notre-
Dame de Paris, ce doit être une vue possible de la situation
puisqu'elle donne satisfaction à un historien bien informé,
mais elle a de quoi surprendre.

Un simple historien des idées ne trouve pas son compte
à ces constructions où le contenu des doctrines n'occupe plus
le centre des événements. Si nous en jugeons par rapport
à notre problème, il est remarquable qu'Héloïse cesse alors
d'être visible. On la perd ici de vue comme si cette femme
n'avait pas tenu dans la vie d'Abélard, et dans sa pensée
même, une place beaucoup plus large que saint Bernard. Ce
dernier n'est pour Abélard que la dernière de ses « calamités ». Il serait intéressant de savoir comment l'histoire
marxiste interprète cette nièce de chanoine, née d'un père
inconnu de nous, formée par Lucain et dont la redoutable
lucidité ne lui permet aucune illusion sur Abélard ni sur
elle-même ? Il doit y avoir un point de vue d'où ce genre
d'histoire est légitime, mais comme en fin de compte les
groupes et les partis se composent d'individus, ces fresques
historiques donnent l'impression de laisser la substance
même de la réalité se perdre dans les catégories qui les
résument. Grâce au marxisme, la philosophie hégélienne
de l'histoire peut aujourd'hui se prendre pour de l'histoire. Elle ne sert plus la connaissance, mais l'action.

---

1. L'auteur ne parle pas de lutte de classes ; « selon les historiens sovié-
tiques les citadins du moyen âge ne représentaient pas encore une *classe* ;
c'était, dans la société féodale, une nouvelle couche sociale (la partie la plus
active du tiers état) qui menait une lutte acharnée contre les féodaux, pour
l'indépendance des villes ». N.A. SIDOROVA, *Réponse...*, p. 179. Le souci de
l'indépendance des villes n'est guère visible dans les écrits d'Abélard.

TABLE DES MATIÈRES

APPENDICES

Imprimé en France par CPI
en novembre 2016

Dépôt légal : novembre 2016
N° d'impression : 138452